U0918650

中华英烈事迹读本

第二卷

《中华英烈事迹读本》编写组◎编

新华出版社

图书在版编目（CIP）数据

中华英烈事迹读本：第二卷 / 《中华英烈事迹读本》编写组编.
-- 北京：新华出版社, 2019.8
ISBN 978-7-5166-4846-9

Ⅰ. ①中… Ⅱ. ①中… Ⅲ. ①革命烈士 - 生平事迹 - 中国
Ⅳ. ①K827=6

中国版本图书馆CIP数据核字(2019)第189886号

中华英烈事迹读本：第二卷

编　　写：《中华英烈事迹读本》编写组

选题策划：许　新　　**封面设计：**刘宝龙
责任编辑：沈文娟　祝玉婷

出版发行：新华出版社
地　　址：北京石景山区京原路8号　　**邮　　编：**100040
网　　址：http://www.xinhuapub.com
经　　销：新华书店、新华出版社天猫旗舰店、京东旗舰店及各大网店
购书热线：010 - 63077122　　**中国新闻书店购书热线：**010 - 63072012

照　　排：六合方圆
印　　刷：三河市君旺印务有限公司

成品尺寸：170mm × 240mm
印　　张：20　　**字　　数：**260千字
版　　次：2019年11月第一版　　**印　　次：**2019年11月第一次印刷

书　　号：ISBN　978-7-5166-4846-9
定　　价：52.00元

《中华英烈事迹读本》编写组

主　编： 蔡名照

副主编： 赵　承　梁相斌　霍小光

编　委： 王　薇　初　杭　施永南　冷彦彦　朱基钗　白　阳　罗争光　王　琦　林　晖　梅世雄

出版说明

习近平总书记曾说："我们要铭记一切为中华民族和中国人民做出贡献的英雄们，崇尚英雄，捍卫英雄，学习英雄，关爱英雄，勠力同心为实现'两个一百年'奋斗目标、实现中华民族伟大复兴的中国梦而努力奋斗。"

为响应习近平总书记的殷切号召，传承红色基因、筑牢精神支柱，本书编者希望能借由一个个鲜活生动的英烈故事，带领读者回到那些血与火交织的艰难岁月，去感受英烈们为新中国的建立所做出的伟大牺牲和不懈坚持，从而激励人们为中华民族的伟大复兴而继续努力奋斗。

书内文章均来自新华社公开播发的"为了民族复兴·英雄烈士谱"专栏，第二卷选取100位革命烈士的感人事迹，并配以人物图片、经典语录、英烈生平汇集成册，力求全面、生动、多角度地展现英烈生平和事迹。书内文章作者均为新华社各分社记者，如刘良恒、李铮、黄璐、李惊亚、萧海川、苏万明、俞俭、梁建强等。

全书内容权威、通俗易懂、图文并茂，可作为各地区各部门开展爱国主义、集体主义、社会主义教育的参考读物，帮助读者深刻感受爱国精神和崇高信仰的感召和激励，在自己的生活和工作中真正做到"不忘初心，方得始终"。

《中华英烈事迹读本》编写组

2019年11月14日

目 录

CONTENTS

欧阳立安："为人民而死，死而无怨！"……1
王青士：革命一定会成功……4
邓恩铭：中共一大唯一的少数民族代表……7
刘谦初：一颗红心忠勇为党……10
恽代英：豪情满怀革命路　坚贞不屈永流芳……13
朱云卿：井冈山上扬英名……16
周逸群：革命理想高于天……19
郭隆真：宁可牺牲，决不屈节……22
谭寿林：杀头当作风吹帽　坐监也要闯上天……25
王步文：信仰之光穿越时空……28
杨匏安：华南传播马克思主义第一人……31

蔡和森：中国共产党的重要创始人…………………………………… 34
谷雄一：少年热血为国洒　大义凛然死如归……………………………… 37
黄公略：杰出的红军将领……………………………………………… 40
李超时：革命的烈火是扑不灭的………………………………………… 43
李硕勋：铁骨铮铮践初心……………………………………………… 46
曾士峨：为大众之生息而战斗…………………………………………… 49
周维炯：豫东南红军和苏区创建人……………………………………… 52
曹学楷：黄麻起义领导人……………………………………………… 55
李明瑞：举旗左右江　永远跟党走……………………………………… 58
汪铭：艰难何所惧……………………………………………………… 61
邓演达：铁血丹心为革命……………………………………………… 64
许继慎：功勋卓著的红军将领…………………………………………… 67
刘天章：火链盘腰烧　凛然贯长虹……………………………………… 70
李灿：我要追求光明 扫除邪恶　………………………………………… 74
萧人鹄：鄂中起义领导人……………………………………………… 77
陈奇：革命道路可断然走通……………………………………………… 80
祝应龙：舍命掩护主力部队突围的赤色警卫师师长……………………… 83
李耘生：雨花台前血染的信仰…………………………………………… 86
王良：军功传千古……………………………………………………… 89
吉国桢：生命不息，战斗不止的英雄…………………………………… 92

田位东：枣庄“七月大罢工”领导人…………………………………………… 96
柳直荀：“杨柳轻飏直上重霄九”…………………………………………… 99
毛简青：“对革命坚定，这样一直到他的死”……………………………… 102
曹大骏：忠心为党　铁骨铮铮……………………………………………… 105
蔡申熙：中国工农红军杰出指挥员………………………………………… 108
韦拔群：不怕难，不怕死，为人民利益牺牲一切………………………… 111
陈理真：用生命捍卫党的事业……………………………………………… 114
赵博生：我死国生　我死犹荣……………………………………………… 117
王平章：优秀的红军政治工作领导者……………………………………… 120
陈原道：坚贞不屈的革命者………………………………………………… 123
陈浅伦：陕南人民英勇不屈的化身………………………………………… 126
李艮：陕南红 29 军创始人 ………………………………………………… 129
段德昌：常胜将军勇无敌…………………………………………………… 132
贺英：利剑能挡百万师……………………………………………………… 135
毛福轩：坚定的农民革命者………………………………………………… 138
旷继勋：一腔热血写忠诚…………………………………………………… 141
李子纯：为大多数人谋幸福………………………………………………… 144
黄励：用生命实现革命诺言………………………………………………… 147
邓中夏：中国工人运动的著名领导人……………………………………… 150
吉鸿昌：恨不抗日死………………………………………………………… 153

施滉：“清华最有光荣的儿子”……156
童长荣：早期为抗日救国捐躯的民族英雄……159
王泰吉：生死利害，在所不计……162
季振同：宁都起义的领导人……166
周以栗：热血铸丰碑……169
陈寿昌：党的忠诚卫士……172
陈树湘：“为苏维埃新中国流尽最后一滴血”……175
何宝珍：“英勇坚决，为女党员之杰出者”……178
寻淮洲：红军中年轻有为的青年将领……181
彭干臣：闽浙赣革命根据地反“围剿”作战指挥者……184
谢子长：陕北红军和苏区创建人之一……187
邓萍：遵义城下洒热血……190
何叔衡：“我要为苏维埃流尽最后一滴血”……193
钟纬剑：血染的红军利剑……196
古柏：英俊奋发的红军高级指挥员……199
贺昌：经文纬武报家邦……202
梁柏台：红色司法开拓者……205
李翔梧：“为了苏维埃，你们勇敢地前进吧”……209
刘伯坚：我党我军政治工作第一人……212
阮啸仙：中共历史上的第一位“审计长”……215

毛泽覃：优秀的红军指挥员……………………………………………… 218

刘志敏：宁死不屈的巾帼英雄………………………………………… 221

瞿秋白：中国共产党早期领导人之一………………………………… 224

聂耳：中国新音乐的先驱者…………………………………………… 227

曾中生：中国工农红军杰出指挥员…………………………………… 230

方志敏：为了可爱的中国……………………………………………… 233

刘畴西：威震敌胆的“独臂将军”…………………………………… 236

吴焕先：鄂豫陕苏区创建人…………………………………………… 239

郝清玉：“革命到底”的优秀党员…………………………………… 242

林青：愿将满腔热血　换来幸福人间………………………………… 245

黄甦：英勇无畏的红军虎将…………………………………………… 248

蔡会文：铁骨丹心的著名红军将领…………………………………… 251

冀云程：“威武不屈，富贵不淫”…………………………………… 254

刘志丹：群众领袖、民族英雄………………………………………… 257

李学忠：烈火淬炼真男儿……………………………………………… 260

赵一曼：白山黑水除敌寇　甘将热血沃中华………………………… 263

王复生：勇于为理想献身的共产党员………………………………… 266

武胡景：天地能知忠烈心……………………………………………… 269

罗南辉：喋血长征的青年将军………………………………………… 272

王德泰：威震“东满”的虎威将军…………………………………… 275

夏云杰：赤胆忠心　捐躯为国……………………………………………… 278
郭滴人：点点滴滴为人民………………………………………………………… 281
杨克明：三过草地心犹壮　一死高台志未移…………………………………… 284
董振堂：长征中的铁流后卫……………………………………………………… 287
陈海松：年轻有为的红军政委…………………………………………………… 290
陈为人：用生命守卫中央文库的安全…………………………………………… 293
郑义斋：红色理财专家…………………………………………………………… 296
吴富莲：为党捐躯的巾帼英雄…………………………………………………… 299
孙玉清：忠诚于党和人民的“战将”……………………………………………… 302

欧阳立安

『为人民而死，死而无怨！』

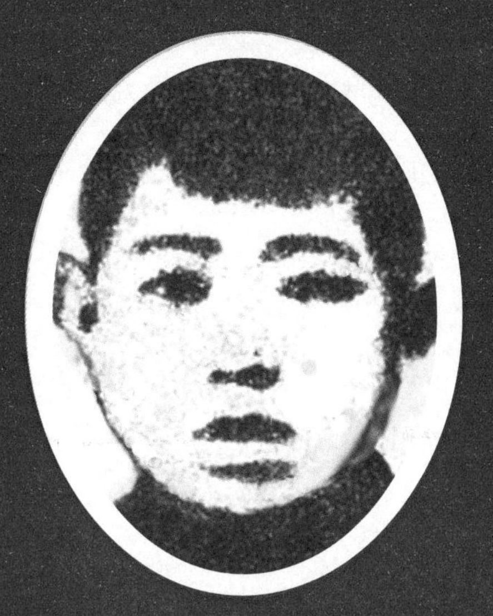

欧阳立安，1914 年 3 月出生于湖南省长沙市，从小受到革命思想的熏陶。1930 年春，欧阳立安加入了中国共产党。1931 年 1 月 17 日，欧阳立安参加中共江苏省委一次会议后，与沪中区委书记等同志被反动军警逮捕。1931 年 2 月 7 日晚，欧阳立安与何孟雄等 24 名共产党员与革命者，在上海龙华英勇就义，年仅 17 岁。

英烈语录

中国革命一定会胜利，我是共产党员，就是筋骨变成灰，也还是百分之百的共产主义者，我为主义，为人民而死，死而无怨！

——欧阳立安

“校友欧阳立安出生在一个革命家庭，小小年纪的他就心怀国家人民，坚持理想信念，敢于担当，勇敢坚毅。少年强则国强，他的精神非常值得我们新时代少年儿童学习。”长沙市芙蓉区修业学校校长王娟说。

欧阳立安，1914 年 3 月出生于湖南省长沙市。他的父亲欧阳梅生是中国共产党早期党员。母亲陶承是位有影响的革命妈妈，长期以“住家”为掩护从事党的地下工作。

从小受到革命思想的熏陶，早在 1925 年，欧阳立安在长沙修业学校读书时，就积极参加宣传民族英雄等爱国思想运动。1926 年，叶挺独立团占领长沙，他积极加入儿童纠察队，并担任队长。

大革命失败后，欧阳梅生积劳成疾逝世，欧阳立安被党组织送到武汉、上海做工。1929 年春，15 岁的欧阳立安进入上海申新五厂做工，跟随中共上海沪中区委书记何孟雄从事工人运动，担任区委交通员。

同年冬，欧阳立安加入共产主义青年团，并担任共青团沪东区委委员。在此期间，他多次参加上海各界工人举行的抗议罢工、游行示威等。在斗争中，他毫不畏惧，勇往直前，经受了一次又一次严峻的考验。1930 年春，经何孟雄介绍，16 岁的欧阳立安加入了中国共产党。

1930 年 6 月，欧阳立安作为中国青年工人代表，随刘少奇赴莫斯科参加赤色职工国际第五次代表大会和少共国际的有关会议，并参加了苏联十月革命 13 周年纪念活动。这使他开阔了视野，更加坚定了自己的政治信念。他说：“今天的俄国是列宁的布尔什维克党领导工农打出来的。我们中国共产党也要领导工农打倒帝国主义，打倒封建主义，打出一个新中国。”

1930 年 11 月底回国后，党组织任命欧阳立安担任共青团江苏省委委员和上海总工会青工部部长。

1931 年 1 月 17 日，欧阳立安参加中共江苏省委一次会议后，与沪中区委书记等同志被反动军警逮捕。面对凶残的敌人，面对酷刑的逼供，欧阳立安毫无惧色，视死如归，严守党的机密，坚信自己的信仰。他义正词严地说："中国革命一定会胜利，我是共产党员，就是筋骨变成灰，也还是百分之百的共产主义者，我为主义，为人民而死，死而无怨！"

1931 年 2 月 7 日晚，欧阳立安与何孟雄等 24 名共产党员与革命者，在上海龙华英勇就义，年仅 17 岁。

新中国建立后，欧阳立安的母亲陶承撰写了长篇革命回忆录《我的一家》，成为广大青少年喜爱的优秀读物，欧阳立安一家的英勇事迹和献身精神，成为激励人们奋斗的精神力量。

王青士

革命一定会成功

王青士，1907年出生于辽宁沈阳，祖籍安徽霍邱。1923年进入北京俄文法政大学读书，结识了当时在法政大学任教的瞿秋白，逐步走上革命道路。1931年1月，王青士代表山东党组织，到上海参加党的六届四中全会。1月17日，由于叛徒告密，王青士与何孟雄、林育南、李求实等共产党员和革命者一起，被国民党淞沪警备司令部逮捕。2月7日，王青士与其他23位共产党员和革命者一起在上海龙华英勇就义，时年24岁。

夏日炎炎，上海龙华烈士纪念馆，草木葱郁，松柏常青。王青士烈士的侄子王琦指着展窗内的一幅烈士照片说："王青士为了干革命，只寄过这一张自己的照片给刚出生的孩子，叫她'认认爸爸'，直到就义也没能见上一面……"

王青士，1907 年出生于辽宁沈阳，祖籍安徽霍邱。1923 年进入北京俄文法政大学读书，结识了当时在法政大学任教的瞿秋白，逐步走上革命道路。

1924 年，王青士加入改组后的国民党，他的革命活动引起了反动当局的注意，受到反动军警侦缉队的监视，在北京无法继续居留，于 1926 年下半年回到家乡安徽霍邱暂避，并在当地传播马克思主义。1927 年年底加入中国共产党，在霍邱秘密发展党员，建立党组织。他还发动农民群众，建立农民协会，并参与组织和领导了 1928 年 7 月的霍邱七二七暴动。

暴动失利后，王青士遭到反动当局通缉，再次回到北京。先后任北平团市委书记、中共北平市委书记。1930 年夏，他受党的派遣来到山西，任中共太原特委书记，后任中共山西特委委员兼组织部部长，为整顿和恢复遭到严重破坏的山西党组织做了大量工作。

1930 年 12 月，王青士受党派遣来到青岛，传达党的六届三中全会精神，宣传毛泽东提出的"工农武装割据"的思想，负责重建中共山东省委的工作。中共山东临时省委重建后，王青士任组织部部长兼青岛市委书记。

1931 年 1 月，王青士代表山东党组织，到上海参加党的六届四中全会。在会上，他与一些同志一起，抵制王明及其追随者提出的"左"的错误主张。他还向中央提交一份报告大纲，在报告中说："应当抓住群众目前的迫切要求，以发动广大群众的斗争，扩大群众组织及群众武装的建立。"

1 月 17 日，由于叛徒告密，王青士与何孟雄、林育南、李求实等共产党员和革命者一起，被国民党淞沪警备司令部逮捕。在狱中，王青士等人遭受了敌人的酷刑拷打，但他们没有屈服，始终坚守了党的秘密和共产党员的革命气节。2 月 7 日，王青士与其他 23 位共产党员和革命者一起，高唱《国际歌》，高呼："中国共产党万岁！""打倒国民党反动派！"在上海龙华英勇就义，时年 24 岁。

作为王青士烈士的后代，王琦这些年致力于烈士文物的发掘和保护。"希望这些文物可以让我们更多地了解王青士。他坚定的革命信仰，舍弃小家为大家的革命精神，将永远激励着后人牢记革命初心，继承遗志，砥砺前行！"王琦说。

邓恩铭
中共一大唯一的少数民族代表

邓恩铭，又名恩明，字仲尧，1901年出生于贵州省荔波县玉屏镇水浦村一户水族家庭。1921年春，邓恩铭参与发起建立济南的共产党早期组织。同年7月，邓恩铭与王尽美作为济南中共党组织代表，赴上海出席中国共产党第一次全国代表大会，参与了中国共产党的创建。这次大会上，年仅20岁的邓恩铭是唯一的少数民族代表。1929年1月19日，邓恩铭在济南被捕入狱。1930年，邓恩铭忍受病痛，在狱中最后一封书信中留下遗作《诀别》。

英烈语录

卅一年华转瞬间，壮志未酬奈何天；
不惜惟我身先死，后继频频慰九泉。

——邓恩铭

1931 年 4 月 5 日，在山东省济南市纬八路侯家大院刑场，邓恩铭身负镣铐，与其他 20 多名共产党员一起，高唱《国际歌》从容就义。

邓恩铭，又名恩明，字仲尧，1901 年出生于贵州省荔波县玉屏镇水浦村一户水族家庭。邓恩铭的父亲以行医卖药为生计，对长子邓恩铭寄予厚望，希望他饱读诗书，考取功名。邓恩铭六岁踏入私塾学习，十岁时进入荔波县模范两等小学堂读书。新式学校的新法教学使邓恩铭受到早期的启蒙教育，清朝统治者的腐败无能，激起少年邓恩铭对封建统治的愤恨。他毅然决定，告别家乡，到更广阔的地方寻访救国真理。

1918 年，依靠在山东的亲戚资助，邓恩铭考入济南省立第一中学，他阅读进步刊物，开始接触了解马克思主义等先进思想。五四运动爆发后，邓恩铭被选为学生自治会领导人兼出版部部长，主编校报，组织学生参加罢课运动。在学生运动期间，他同济南省立第一师范的学生领袖王尽美一见如故，结为亲密无间的革命战友。

1920 年 11 月，他与王尽美等组织进步团体“励新学会”，介绍俄国十月革命，抨击社会现状。

1921 年春，邓恩铭参与发起建立济南的共产党早期组织。同年 7 月，邓恩铭与王尽美作为济南中共党组织代表，赴上海出席中国共产党第一次全国代表大会，参与了中国共产党的创建。这次大会上，年仅 20 岁的邓恩铭是唯一的少数民族代表。

1922 年 1 月，邓恩铭赴莫斯科参加共产国际召开的远东各国共产党和民族革命团体第一次代表大会，受到列宁的亲切接见。同年底，邓恩铭赴青岛，创建党组织，先后任中共直属青岛支部书记、中共青岛市委书记。

邓恩铭在青岛工作期间，先后以四方机车厂和纱厂为中心，在各厂举办工人夜校，向工人们传播马克思主义，他培养和带动四方机车厂 30 多名积极分子秘密组织工会，全厂 800 多名工人在他的号召下加入了工会，占全厂工人总数的 60%以上。

1925 年 2 月，胶济铁路局上层发生内讧，邓恩铭与王尽美利用这一时机，发动胶济铁路和四方机车厂工人举行全厂大罢工。五卅运动前后，邓恩铭又组织领导了以“青岛日商纱厂工人同盟大罢工”为主的工人运动，历时 3 个多月，成为五卅运动的先导。

白色恐怖笼罩岛城，邓恩铭遭受当局通缉。1925 年 11 月，山东地方委员会机关被敌人破坏，他被捕入狱，遭受残酷折磨。后因在狱中染上肺结核，经党组织多方营救，得以保外就医。1926 年 6 月，他又再次秘密回到青岛，担任中共青岛市委书记。

1927 年 4 月，邓恩铭赴武汉出席中共第五次全国代表大会，回山东后，任中共山东省执行委员会书记。

大革命失败后，邓恩铭辗转山东各地，领导党组织开展斗争。1929 年 1 月 19 日，邓恩铭从淄博矿区返回济南，由于王复元、王用章叛变，邓恩铭在济南再次被捕入狱。面对酷刑折磨，邓恩铭咬住牙关，在狱中还领导了两次绝食斗争，组织了两次越狱斗争，使部分同志得以脱险。1930 年，邓恩铭忍受病痛，在狱中最后一封书信中留下遗作《诀别》：

卅一年华转瞬间，壮志未酬奈何天；

不惜惟我身先死，后继频频慰九泉。

邓恩铭的侄孙女、荔波县邓恩铭故居管理所副所长邓庆梅说，前来参观邓恩铭故居的游客不断，每次为参观者解说伯祖父的事迹时，内心都很激动，既为亲人自豪，又对他满怀崇敬之情。“伯祖父留下了清白做人、踏实做事的家风，他的精神也激励着所有荔波人民。”

刘谦初
一颗红心忠勇为党

刘谦初，原名刘德元，1897 年出生于山东平度的一个农民家庭。1922 年，刘谦初考入北京燕京大学。在北京求学期间，刘谦初与李大钊领导的学生组织建立了秘密联系，接受中共地下党组织的领导。1927 年 1 月，30 岁的刘谦初正式加入中国共产党。1929 年 8 月 6 日，刘谦初经青岛赴上海向党中央汇报工作时，不幸被捕入狱。1931 年 4 月 5 日，刘谦初慨然就义。

英烈语录

望你不要为我悲伤，希你紧记住我的话，无论在任何条件下，都要好好爱护母亲！孝敬母亲！听母亲的话！

——刘谦初

1931年4月5日清晨，济南纬八路侯家大院刑场。一阵密集的枪声响过，22名中共党员倒在了血泊中。其中就有年仅34岁的刘谦初。

刘谦初，原名刘德元，1897年出生于山东平度的一个农民家庭。父亲为他取了一个小名，叫作“光”，希望他长大成人后能有一番作为。刘谦初8岁开始，先后在私塾和高等小学念书。1913年春天，16岁的刘谦初考入平度知务中学。此时的中国，依然在寻找民族自强道路上艰辛求索。

1916年春，袁世凯复辟帝制。刘谦初联合13名同学投笔从戎，参加了中华革命军东北军第三支队炮兵团。后因作战英勇，被授予“山东三支队义勇奖牌”。1918年，刘谦初又以优异成绩考入齐鲁大学预科。在大学里，刘谦初继续保持昂扬的学习热情，对所学功课无不细心研读，他的作文时常成为范文被当众朗读。五四运动爆发后，济南多所学校的学生联合组织游行示威，刘谦初积极参与街头演讲、分发传单。

1922年，刘谦初考入北京燕京大学。在这个新文化、新思想的高地，刘谦初收获了新友、新知。他发起成立了《燕大周刊》，组织撰写《中国国民性的观察》《武力不能统一今日的中国》等一批脍炙人口的文章。颇具才华的刘谦初在同学中具有很强的号召力。

在北京求学期间，刘谦初与李大钊领导的学生组织建立了秘密联系，接受中共地下党组织的领导。1925年五卅惨案发生后，他首倡成立“燕大沪案后援会”，被选为燕大学生运动负责人之一。1926年，刘谦初再度投笔从戎来到武汉参加北伐军，在第十一军政治部宣传科社会股任股长，并兼任政治部理论刊物《血路》的副主编。

1927 年 1 月，30 岁的刘谦初正式加入中国共产党。也是在这一年，刘谦初遇到了自己的革命伴侣——时任中共京山县委副书记、24 岁的张文秋。两人怀揣着共同的革命理想，又被彼此人格魅力所吸引。在武汉亲友的家中，两人举行了简单的婚礼。

大革命失败后，白色恐怖笼罩全国。刘谦初根据党的指示，先到江苏省委工作，后经上海去福建。1928 年 9 月，在福建省第一次党代会上，他被选为中共福建省委书记。1929 年年初，党中央调他到山东工作，以齐鲁大学助教身份作为掩护。

面对险恶环境，他把个人生死置之度外，常常冒着危险，来往于济南、青岛等地，夜以继日地工作，传达党中央的指示，宣传鼓舞群众，揭露敌人罪行，组织对敌斗争，很快恢复、重建和发展了被破坏的党组织，重新组成中共山东省委，并担任省委书记兼宣传部长。1929 年 7 月，他按党中央的指示，和青岛市委的同志一起，领导和发动了持续 40 多天的青岛大康、隆兴和富士等七大纱厂的总同盟大罢工，给反动当局和日本帝国主义以沉重打击。

1929 年 8 月 6 日，刘谦初经青岛赴上海向党中央汇报工作时，不幸被捕入狱。在国民党济南警备司令部监狱里，面对敌人的威逼利诱、严刑拷打，他不为所动，从未屈服。在生前写给妻子张文秋的遗书中，他说："望你不要为我悲伤，希你紧记住我的话，无论在任何条件下，都要好好爱护母亲！孝敬母亲！听母亲的话！"

1931 年 4 月 5 日，在刑场上，刘谦初戴着沉重镣铐，高唱《国际歌》，高呼"中国共产党万岁"等口号，慨然就义。

位于平度田庄镇东刘家庄的刘谦初故居，按照原貌已进行了多次修葺，现在是青岛市爱国主义教育基地、山东省重点文物保护单位。每年清明时节，当地的中小学师生都会来到这里，追思缅怀英烈的光辉历程。2018 年 1 月 12 日，故居还被确定为第三批山东省党史教育基地。

恽代英
豪情满怀革命路
坚贞不屈永流芳

恽代英，原籍江苏武进，1895年生于湖北武昌。他在学生时代积极参加革命活动，是武汉地区五四运动主要领导人之一，1920年创办利群书社，后又创办共存社，传播新思想、新文化和马克思主义。1921年他加入中国共产党。1930年5月6日，恽代英在上海被国民党当局逮捕。在狱中，恽代英面对敌人的威逼利诱，坚贞不屈。1931年4月29日，他被杀害于南京，年仅36岁。

英烈语录

浪迹江湖忆旧游，故人生死各千秋。
已摈忧患寻常事，留得豪情作楚囚。

——恽代英

盛夏时节，位于湖北武汉的武昌中央农民运动讲习所人潮如织。正在举办的《青年的楷模——恽代英》展览，吸引了大量市民前来参观。

追忆往昔，风雨如磐。148 张照片，详细呈现了恽代英的生平和革命生涯。

首场展览的讲解者，是一位满头银发的七旬老人——来自华中师范大学的李良明教授。从 1978 年开始，四十载岁月，他一直致力于恽代英的研究工作，并出版了多部专著，发表了 40 余篇相关论文。

“恽代英的精神，特别值得青年人传承与发扬。”李良明说，一方面，青年人应当学习他对理想信念的坚定不渝，树立远大理想，并为之不懈奋斗；另一方面，也要学习恽代英刻苦学习、博览群书、勤于思考的精神，不断加强自身修养、奉献社会。

恽代英，原籍江苏武进，1895 年生于湖北武昌。他在学生时代积极参加革命活动，是武汉地区五四运动主要领导人之一，1920 年创办利群书社，后又创办共存社，传播新思想、新文化和马克思主义。1921 年他加入中国共产党，1923 年任上海大学教授，同年 8 月被选为中国社会主义青年团中央执委会候补委员、宣传部主任，创办和主编《中国青年》，它培养和影响了整整一代青年。

1924 年，恽代英从事国共合作的统一战线工作，1925 年参与领导五卅运动，1926 年 5 月被党派到黄埔军校，任政治主任教官。1927 年 1 月，他到武汉主持中央军事政治学校工作，任政治总教官，同蒋介石、汪精卫背叛革命的行径进行坚决斗争。7 月，恽代英奉中央之命赴九江，任中共中央前敌委员会委员，参与组织和发动南昌起义。12 月，他参与领导广州起义，任广州苏维埃政府秘书长。

1928 年年底，恽代英到上海任中共中央宣传部秘书长、组织部秘书长等职，曾主编中央机关刊物《红旗》。1929 年 6 月，他在中共六届二中全会上被补选为中央委员。

他是一位豪情满怀的革命斗士，也是一位敌人切齿痛恨的共产党员。早在黄埔军校，恽代英便被蒋介石认为是“黄埔四凶”之一，因此把他作为重点搜捕对象。1930 年 5 月 6 日，恽代英在上海被国民党当局逮捕。在狱中，恽代英面对敌人的威逼利诱，坚贞不屈。1931 年 4 月 29 日，他被杀害于南京，年仅 36 岁。

“浪迹江湖忆旧游，故人生死各千秋。已摈忧患寻常事，留得豪情作楚囚。”这是恽代英就义前留下的感人肺腑的诗篇。

斯人已逝，而追忆长存。

如今，恽代英的母校中华大学已更名为华中师范大学。桂子山上，校园的中心广场中，一尊汉白玉的恽代英雕像格外醒目。一袭长衫、清秀儒雅的青年恽代英，佩戴眼镜，手持书本，目光炯炯有神。

华中师范大学马克思主义学院分党委副书记邵莉莉介绍，学校设立了“恽代英班”，开办了“恽代英党校培训班”，并成立了全国首个“恽代英新闻采访团”等，以多种形式勉励青年学子传承与弘扬先烈精神。

2015 年，恽代英诞辰 120 周年之际，华中师范大学推出了大型话剧《恽代英》，以此纪念这位杰出校友。这部话剧，也逐渐成为每届新生入学时，以创新形式开展思想教育的亮点之一。

“2018 年暑假期间‘恽代英班’还将组织开展社会实践活动，以实际行动缅怀先烈。”邵莉莉说。

朱云卿

井冈山上扬英名

朱云卿，1907 年出生于广东梅州，1925 年加入中国共产党。1931 年春，朱云卿在江西省吉安县被国民党军杀害，年仅 24 岁。

“中厅靠大门边的一座平房就是朱云卿烈士的出生地。”“朱云卿原名朱云，是我军早期杰出将领。”这是从广东梅州市梅江区朱云卿故居传出的讲述声，来自附近社区的 20 多名党员干部佩戴党徽，听授课老师介绍朱云卿烈士的革命故事。

朱云卿，1907 年出生于广东梅州，1921 年随叔父到印度尼西亚打工，1924 年回广州，同年考入黄埔军校第三期，参加军校进步组织“青年军人联合会”。1925 年 10 月，朱云卿参加讨伐反动军阀陈炯明的第二次东征，在战斗中机智英勇，受到周恩来的赞赏，同年加入中国共产党。

1926 年 1 月，朱云卿从黄埔军校毕业，按照党的要求留在广州从事革命活动。同年秋，朱云卿被任命为中共北江特委委员，负责主办北江农军学校。在他的组织和领导下，中共北江特委先后举办了两期农军训练班，培训农军干部 260 余人。1927 年 4 月，朱云卿率领农军学校第二期学员与北江农军大队会师湖南，公开支持湖南农民运动。1927 年 6 月，朱云卿按照党组织的决定赴武汉，担任武汉农政训练班主任。

同年 9 月，朱云卿参加秋收起义，并随起义部队上了井冈山，参加创建井冈山革命根据地的斗争。

1928 年夏，朱云卿担任红四军三十一团团长，在毛泽东、朱德的直接领导下参加了攻打龙源口、围困永新城等著名战斗。1928 年 8 月下旬，他与党代表何挺颖一起，指挥不足一个营的兵力，凭险抵抗，击退了湘赣国民党军四个团的轮番进攻，取得了黄洋界保卫战的胜利。

1929 年 1 月，朱云卿率领红三十一团随红四军主力进军赣南闽西，开辟新的革命根据地，在大柏地、长岑寨等重要战斗中率部担任主攻任务。同年 3 月，他调任红四军参谋长。同年年底，朱云卿参加古田会议，坚定地支持毛泽东的正确意见。

1930 年 6 月，朱云卿任红一军团参谋长，8 月，任红一方面军参谋长。1930 年年底，在中央革命根据地第一次反“围剿”的龙冈战斗中，朱云卿协助毛泽东、朱德制订计划、部署部队、指挥作战，对全歼张辉瓒师、取得第一次反“围剿”的胜利起了重要作用，毛泽东称赞他为“得力助手”。

1931 年春，朱云卿因劳累患重病住进江西省吉安县东固医院治疗，5 月 22 日，在医院被国民党军杀害，年仅 24 岁。

1983 年，朱云卿被中共中央军委列入 193 位对中国革命做出杰出贡献的军事人物之一，载入《中国大百科全书·军事》卷。朱云卿故居于 1987 年 11 月被梅县人民政府定为县级重点文物保护单位。2012 年，朱云卿故居被重新公布为梅江区文物保护单位。

周逸群
革命理想高于天

周逸群，1896年生于贵州铜仁，1924年10月进入黄埔军校第2期学习，同年11月加入中国共产党。1931年5月，周逸群在湖南岳阳贾家凉亭不幸遭遇敌人伏击，壮烈牺牲，时年35岁。

英烈语录

只要我一天活着，我就一天不停止党的工作。

——周逸群

“只要我一天活着，我就一天不停止党的工作。”这是周逸群的铮铮誓言。这位毕生为党工作、对党忠诚，“要像铁一样硬、钢一样强”的共产主义战士，用短暂的生命谱写下雄浑壮丽的英雄赞歌。

周逸群，1896年生，贵州铜仁县人，家境富裕，父母早亡，在族叔周自炳的照料下，自幼用功学习，1914年考入贵阳南明中学。中学毕业后，回到家乡，在铜仁教育会任会计。1919年春，周逸群东渡日本，入东京庆应大学攻读政治经济学。这期间，他读了不少马克思主义著作和介绍苏联十月革命的书刊，向往苏联社会主义革命的道路。

1923年，周逸群回国，在上海参加创办《贵州青年》旬刊，宣传反帝反封建思想。1924年10月进入黄埔军校第2期学习，积极从事青年军人运动的宣传和组织工作，同年11月加入中国共产党。

1926年，周逸群参加北伐战争，在国民革命军贺龙部任师、军政治部主任。1927年8月参加南昌起义，南下后任起义军第20军3师师长，率部参加瑞金、会昌等战斗。他曾介绍贺龙加入中国共产党。

1928年，党中央决定派周逸群与贺龙前往湘鄂边区，支援和壮大武装斗争的革命力量。在湘鄂边活动期间，周逸群带领部队开展武装斗争，沉重打击了国民党反动派及地方反动势力的嚣张气焰，鄂西特委所领导的革命力量扩大到23个县，洪湖地区的万山丛林之中，升起了工农武装割据的旗帜。

1930年2月，中国工农红军第6军建立，孙德清任军长，周逸群任政治委员。7月，率第6军与第4军在公安县会师组成第2军团，任军团政治委员、中共前委书记，与贺龙领导创建以洪湖为中心的湘鄂西革命根据地。

正当周逸群、贺龙率领红2军团稳步施行开辟鄂西北根据地的方针时，“左”倾机会主义错误在党中央占据了统治地位，并做出武装夺取全国中心城市的决定。

1930年9月，邓中夏以中央特派员的身份来到湘鄂西革命根据地，号令军团以夺取武汉为目标。周逸群坚决反对这一错误决定，请求党中央重新考虑。但这一建议未被采纳，周逸群也被撤销了鄂西特委书记一职。

在“左”倾主义者执行错误的军事路线期间，红2军团主力遭受重创，党和红军的前途命悬一线。为保卫洪湖根据地，周逸群和特委采取紧急措施，带领根据地军民，通过开展灵活机动的游击战争，收复了部分失掉的洪湖革命根据地。

1931年3月，夏曦到湘鄂西革命根据地。他继续执行“左”倾错误方针，将湘鄂西特委改为中共中央湘鄂西分局，自任书记，撤销了周逸群湘鄂西特委代理书记和联县政府主席等职务。周逸群含泪离开自己一手创建的洪湖苏区，到江南开辟新的洞庭湖革命根据地。

1931年5月，周逸群由洞庭湖返回江北汇报工作，在岳阳县贾家凉亭不幸遭遇敌人伏击，壮烈牺牲，时年35岁。

周逸群曾经的革命战友杨秀山将军为其写下这样的诗句：湘鄂挥戈壮哉行，不忘火种传播人；风雨同舟共济世，后继勖勉忆深情。

中共铜仁市委党史研究室主任韩江华说：“周逸群秉持着革命理想高于天的精神，始终不忘共产党人的初心，坚持实事求是，在革命的道路上战斗到最后一刻，直至付出生命，值得后人学习铭记。”

郭隆真

宁可牺牲，决不屈节

郭隆真，原名郭淑善，回族，1894 年生于河北省大名县。1913 年到天津直隶第一女子师范学校读书。1923 年，经周恩来、尹宽介绍，加入中国社会主义青年团，同年转入中国共产党。1930 年 11 月 2 日，郭隆真在青岛被反动当局作为“共产党重要分子”逮捕。1931 年 4 月 5 日，郭隆真被绑赴济南纬八路刑场，她高呼革命口号英勇就义，年仅 37 岁。

英烈语录

宁可牺牲，决不屈节！

——郭隆真

“一个没有英雄的民族是没有希望的，一个民族有了自己的英雄而不去崇拜、学习更可悲。郭隆真是我们家乡的英雄，我们要一代代人去传承学习。”河北省邯郸市大名县金北村村民戴俊君经常把这句话讲给到英烈郭隆真的故居参观学习的学生们。

为了纪念郭隆真，弘扬革命先烈精神，戴俊君创作了长篇革命先烈郭隆真史诗《隆真颂》，2018 年清明节在《邯郸日报》整版刊发。《隆真颂》以充满乡土气息的叙事方式，回忆了郭隆真的革命生涯，记录了当地传承郭隆真精神所做的工作。

郭隆真，原名郭淑善，回族，1894 年生于河北省大名县。1913 年到天津直隶第一女子师范学校读书。五四运动爆发后，她和邓颖超、刘清扬等一起筹备成立了有 600 多人参加的“天津女界爱国同志会”。1919 年 9 月 16 日，周恩来等领导的觉悟社在天津成立，郭隆真成为其中的重要骨干。

1920 年，郭隆真和周恩来、张若名等 190 多人一起赴法勤工俭学。1923 年，经周恩来、尹宽介绍，加入中国社会主义青年团，同年转入中国共产党。1924 年秋，与李富春、蔡畅一起到苏联莫斯科东方大学学习。1925 年回到北京，在共产党员和国民党左派领导的国民党特别市党部任妇女委员会委员，负责对城内外各大学校进行宣传并联系女学生的工作，主办进步刊物《妇女之友》。

1927 年 4 月 28 日，李大钊惨遭杀害。身在北京的郭隆真处境危险，但她仍镇定自若地坚持斗争。为了掩护同志们转移，她不幸被捕。一年后，经党组织营救出狱。1929 年春，郭隆真受党组织派遣，到东北从事工人运动，任哈尔滨中东路三十六棚总工厂党支部书记。当时的满洲省委书记刘少奇在总结中东路工人斗争经验时，称郭隆真是“工作上最积极，在政治上又正确的大姐”。

1930年秋，郭隆真奉派到山东工作，任山东省委委员、青岛市委常委、宣传部长等，主要任务是领导工人运动。1930年11月2日，郭隆真在青岛被反动当局作为“共产党重要分子”逮捕。敌人对她施以各种酷刑，威逼利诱，逼她说出党的组织和她的任务，要她写悔过书。但她始终坚贞不屈，严词拒绝。

1931年4月5日，郭隆真被绑赴济南纬八路刑场。敌人在行刑前还不死心地对她说：“现在你只要说出共产党的秘密，便可获得自由。”郭隆真坚定地回答：“宁可牺牲，决不屈节！”她高呼革命口号英勇就义，年仅37岁。

如今，在郭隆真的家乡大名县金滩镇金北村，好多人谈起她说服父亲让她同哥哥一样进私塾读书、15岁办女子小学堂、在戏园子宣讲妇女解放不裹脚等事迹来津津乐道。在郭隆真的侄孙郭韵聚家，郭隆真的照片被高高地悬挂在客厅电视墙上，“姑奶奶是我们家人的骄傲，我们要以她为榜样，爱党爱国，奋发有为。”郭韵聚说。

由杨静仁亲笔书写校名的隆真回民小学里一栋栋教学楼宽敞明亮，教学楼落成纪念碑开头写道：“我校前身系革命先烈郭隆真创办的元成县女子第一学堂……”学校老师张付妮介绍，学校专门以郭隆真事迹为主编了一本校本课程《红色记忆》，利用主题班会等时间传承革命先烈精神。每逢清明节等节日，他们还要组织学生们到村里的郭隆真纪念馆、故居等举行纪念活动。

“远到北京、甘肃的学者，上至70多岁的老人，不少外地群众到我们村参观学习郭隆真事迹。”金北村党支部书记罗忠民说，村里专门聘请了戴俊君作为讲解员，向来访各界人士传播郭隆真精神。

谭寿林
杀头当作风吹帽 坐监也要闯上天

谭寿林，1896 年出生于广西贵县（今贵港市）一个农民家庭，1917 年考上贵县中学，1921 年 9 月考入北京大学文科预科。1922 年谭寿林加入中国社会主义共青团，1924 年秋加入中国共产党。1931 年 4 月 22 日，因叛徒出卖，谭寿林被捕。1931 年 5 月 30 日英勇就义于南京雨花台，时年 35 岁。

英烈语录

杀头当作风吹帽，坐监也要闯上天。

——谭寿林

“谭寿林不畏牺牲的精神至今还感召着后人，各级党组织经常组织党员到他的故居开展党性教育活动。”广西贵港市港南区桥圩镇党委书记梁焕治说起家乡的英烈谭寿林满怀崇敬。

谭寿林，1896 年出生于广西贵县（今贵港市）一个农民家庭。1917 年考上贵县中学，1921 年 9 月考入北京大学文科预科。

在北大学习期间，谭寿林结识了共产党员黄日葵等人，加入北大马克思学说研究会，1922 年加入中国社会主义共青团。1923 年秋，谭寿林进入北大国文系学习，1924 年秋加入中国共产党，在李大钊领导的中共北方区委和中国劳动组合书记部北京分部工作，主要负责编辑《工人周刊》，从事秘密革命活动。

1925 年，谭寿林被党组织派往广东工作，同年冬被派回广西。1926 年 1 月他担任中共梧州地方执行委员会书记，积极发展广西地方党的组织，努力宣传马克思主义，发动和指导工农革命运动，积极培养革命骨干，发动和领导了声援省港大罢工的罢工周。同年 9 月，资本家勾结反动军阀，制造了梧州“三工人血案”，谭寿林发动梧州工人举行万人大会，进行了坚决斗争。10 月中共广西省委筹备小组成立，谭寿林是三人领导成员之一。12 月 19 日，谭寿林被梧州国民党右派逮捕，经党组织营救于 1927 年春获释。

大革命失败后，1927 年 5 月谭寿林被派往广州，负责对中共广西地委的联络工作。6 月到武汉出席全国第四次劳动大会，会后不久被中华全国总工会派往香港巡视工人运动。12 月返回广州参加广州起义，在起义指挥部肃反委员会工作。

广州起义失败后，谭寿林于 1928 年秘密到上海从事工人运动，先后任全国海员总工会秘书长、全国总工会秘书长等职，同时担任党的《红旗报》编辑。

1931 年 4 月 22 日，因叛徒出卖，谭寿林被捕。在狱中，敌人对他施以各种酷刑，他始终坚贞不屈，没有泄露党的任何机密。

5 月 23 日，他被作为“要犯”押往南京国民党宪兵司令部看守所，特务再度对他威逼利诱、严刑拷打，但仍一无所获。他那“杀头当作风吹帽，坐监也要闯上天”的气势让敌人胆寒。

1931 年 5 月 30 日，谭寿林英勇就义于南京雨花台，时年 35 岁。

梁焕治介绍，为更好地缅怀英烈，2016 年港南区投入 40 多万元，重新修缮了谭寿林故居，下一步将投资建设谭寿林纪念馆，将其打造成为港南区党建示范点。

王步文

信仰之光穿越时空

王步文，1898 年出生于安徽省岳西县。1919 年参加五四运动。1923 年加入中国共产党，成为中共安徽省党组织最早的领导者之一。1930 年 9 月，中央决定正式成立安徽省委，王步文任省委书记兼宣传委员。1931 年 4 月 6 日，由于叛徒告密省委机关遭破坏，王步文在芜湖不幸被捕。1931 年 5 月 31 日，年仅 33 岁的王步文在安庆英勇就义。

英烈语录

是革命家，是教育家，怀如此奇才，生而无愧；为革命死，为大众死，仗这般大义，死又何妨！

——王步文

“是革命家，是教育家，怀如此奇才，生而无愧；为革命死，为大众死，仗这般大义，死又何妨！”这是1931年中共安徽省委书记王步文烈士英勇就义前高声朗诵的自勉挽联。如今在芜湖市中心镜湖之畔的“步文亭”，这段话被铭刻在大理石墙上，依然生发着震撼心灵的信仰光芒。

王步文，1898年出生于安徽省岳西县。1919年参加五四运动，先后任安庆学生联合会委员、安徽学生联合会副会长。1921年王步文与舒传贤、许继慎、彭干臣等发起成立了安徽省最早的社会主义青年团组织，1923年加入中国共产党，成为中共安徽省党组织最早的领导者之一。1924年进入上海大学学习，并以个人身份加入国民党。

1925年6月王步文赴日留学，参加组织中共东京特别支部。1927年2月，王步文按党的要求回到上海，在中共中央组织部工作，同时任国民党上海特别市党部组织部长、上海总工会青年部部长，参加了上海工人第三次武装起义。

大革命失败后，王步文任中共安徽省委临时委员会委员，负责组织工作，领导党组织的恢复与重建工作，积极传达和贯彻党的八七会议精神。1927年12月领导安庆地区一二·八暴动。1929年任中共中央巡视员，深入皖中、皖西等地指导工作，布置武装起义，为随后著名的皖西六（安）霍（山）武装暴动做了组织和思想准备。当年9月，王步文奉调到上海参加中央干部训练班，结业后留下主持训练班的教务工作。

1930年9月，中央决定正式成立安徽省委，王步文任省委书记兼宣传委员。1931年4月6日，由于叛徒告密省委机关遭破坏，王步文在芜湖不幸被捕。

反动当局先是以高官厚禄引诱，继而指使叛徒劝降，遭到王步文的坚决拒绝。敌人又动用各种酷刑，将他的皮肉烧焦、筋骨打断。但王步文始终坚贞不屈，严守党的机密，表现了一个共产党员崇高的革命气节。当穷凶极恶的敌人无计可施，决定枪杀他时，王步文从容不迫地为自己写出了自勉挽联。

1931 年 5 月 31 日，年仅 33 岁的王步文在安庆英勇就义。

党和人民不会忘记王步文。新中国成立后，王步文烈士临刑前的遗书被安徽省档案馆珍藏，他在岳西县的故居被修缮成为爱国主义教育基地和红色旅游景点。在芜湖烈士纪念馆，专门为王步文设置了展区，每年都有很多党员干部和青少年前来参观。

2018 年上半年，安庆师范大学创作的话剧《王步文》入选全国大学生艺术展演。王步文的爱国精神和使命担当，在越来越多的当代青年中弘扬。

“王步文同志是安徽党史中的重要人物，他的革命精神、高尚品质令人敬仰与感动！”长期研究王步文的芜湖市委党史研究室原副调研员丁瑜说，王步文的精神具有很强的现实教育意义，对社会各个阶层都有启发。

杨匏安
华南传播马克思主义第一人

杨匏安，1896 年 11 月出生于广东省珠海市，1914 年毕业于广雅书院，1915 年东渡日本横滨求学，次年从日本回到家乡。1918 年，杨匏安到广州时敏中学任教务主任，并兼任《广东中华新报》记者。1921 年，杨匏安加入中国共产党；1922 年，任社会主义青年团广东区委代理书记，并继续通过报刊传播马克思主义。1931 年 7 月，杨匏安因叛徒告密被捕，关押在淞沪警备司令部。8 月，杨匏安在上海英勇就义，时年 35 岁。

英烈语录

慷慨登车去，相期一节全。
残生无可恋，大敌正当前。
知止穷张俭，迟行笑褚渊。
从兹分手别，对视莫潸然。
——杨匏安《死前一夕作示狱友》

广东省珠海市香洲区南屏镇北山脚下一所小学内，一个穿着长衫、戴着眼镜的青年半身塑像矗立在校园中央。青年手抚一本经典，双目凝望远方，这便是华南传播马克思主义第一人杨匏安。

杨匏安，1896年11月出生于广东省珠海市，1915年东渡日本横滨求学，期间接触到西方各种流派学说，学习了马克思主义的日文译著。次年杨匏安从日本回到家乡，后在澳门当家庭教师。

1918年，杨匏安到广州时敏中学任教务主任，并兼任《广东中华新报》记者。1919年五四运动爆发后，杨匏安执笔写就的长文《马克思主义》在该报连续刊登19次，率先在华南地区系统介绍马克思主义。杨匏安由此成为我国宣传马克思主义的先驱之一。

1921年，杨匏安加入中国共产党；1922年，任社会主义青年团广东区委代理书记，并继续通过报刊传播马克思主义。

1923年6月，中共三大在广州召开，决定国共合作，杨匏安受派到国民党中任职；1924年1月国民党一大召开后，任国民党中央组织部秘书、代理部长，同年秋季任中共广东区委监察委员。

1925年，上海发生五卅惨案后，杨匏安和邓中夏赴香港会同苏兆征等发动省港大罢工。同年11月，杨匏安当选为国民党广东省党部常委兼组织部长；1926年1月，在国民党二大中当选为中央执行委员和常务委员。

1927年5月，中共五大成立了党的历史上第一个中央纪律检查机构——中央监察委员会，杨匏安当选为中央监察委员。

大革命失败后，杨匏安以中央监察委员身份出席中共八七会议，之后前往新加坡、吉隆坡等地开展革命运动。

1929 年杨匏安回到上海，在中共中央机关工作，参加编辑党刊；1930 年任中共中央农民部副部长。

1931 年 7 月，杨匏安因叛徒告密被捕，关押在淞沪警备司令部。蒋介石曾亲自出面劝降，都遭到杨匏安的严词拒绝。8 月，杨匏安在上海英勇就义，时年 35 岁。

为了纪念杨匏安，2003 年，烈士故乡的北山小学更名为杨匏安纪念学校，并建起烈士塑像。该校被评为全国文明校园、全国校园足球特色学校、广东省基础教育研究实验基地。每逢清明节、杨匏安烈士诞辰纪念日，全校 1200 多名学子都会聚在校园中央的杨匏安塑像前，通过红色诗词吟诵、故事表达等方式缅怀英烈，将真理的薪火代代相传。

蔡和森

中国共产党的重要创始人

蔡和森，字润寰，1895 年出生于上海，湖南双峰人。1913 年，蔡和森考入湖南省立第一师范学校学习。1921 年 12 月，蔡和森加入中国共产党，并留在中央机关从事理论宣传工作。1925 年五卅运动爆发，蔡和森在其间展现出卓越的领导群众斗争的才能，并在斗争中成长为杰出的群众领袖。1931 年 6 月，因叛徒出卖，蔡和森被捕。在敌人的迫害下，他的生命定格在 36 岁。

英烈挽歌

一个共产党员应该做的，和森同志都做到了。

——毛泽东

他第一个明确提出成立中国共产党，并率先垂范，为革命呕心沥血、英勇奋斗，直至生命的最后一刻。他像漫漫黑暗中的夜明珠，以自己的智慧、行动，照亮积难深重、雾海茫茫的旧中国的星空，找到了救国救民的道路。他就是中国共产党的重要创始人——蔡和森。

蔡和森，字润寰，1895 年出生于上海，湖南双峰人。13 岁时，蔡和森入永丰蔡广祥辣酱店当学徒。1913 年，蔡和森考入湖南省立第一师范学校学习，后与毛泽东成为同学，两人志同道合，开始了“恰同学少年”的新生活。在当时湖南先进的青年中就盛称“毛蔡”，并奉之为表率：“和森是理论家，润芝是实践家。”杨昌济老师更是称赞毛泽东、蔡和森：“二子海内人才，前程远大，君不言救国则已，救国必先重二子。”

在毛泽东、蔡和森周围，团结和凝聚了一批有志于改造社会的进步青年。他们相互激励，热情探索革命真理。经过充分酝酿和讨论，大家达成了共识，就是要“集合同志，创造新环境”，建立一个更严密的组织。1918 年 4 月，蔡和森和毛泽东等人组织新民学会，后创办《湘江评论》。

为了解欧洲和俄国革命的真实情况，探寻中国革命的道路，1919 年 12 月 25 日，蔡和森远赴法国勤工俭学。在法国，蔡和森“猛看猛译”上百种介绍马克思列宁主义和俄国革命的书籍。蔡和森认为，要救国救民，就要走俄国十月革命的道路，就必须建立一个革命政党。他两次致信毛泽东，一次致函陈独秀。在这些信函中，他第一次提出“明目张胆正式成立一个中国共产党”，第一次系统提出了建党理论和建党原则。毛泽东复信中说：“见地极当，我没有一个字不赞同。”

留法期间，蔡和森在勤工俭学的学生中宣传马克思主义，将一批先进分子引向崇尚马克思主义的方向；三次领导留法勤工俭学学生的革命斗争，成为杰出的学生运动领袖；与周恩来、赵世炎等同志一起筹组中国共产党旅欧早期组织，是“法国支部的创始人”之一。

1921 年 12 月，回国不久的蔡和森加入中国共产党，并留在中央机关从事理论宣传工作。1922 年 7 月，蔡和森在党的二大上当选为中央委员，负责党的宣传工作。9 月，主编党中央机关报《向导》周报，他既是主编又是主要撰稿人。

1925 年五卅运动爆发，蔡和森在其间展现出卓越的领导群众斗争的才能，并在斗争中成长为杰出的群众领袖。

1931 年 6 月，因叛徒出卖，蔡和森被捕。在敌人的迫害下，他的生命定格在 36 岁。

蔡和森作为党的二届至六届的中央委员，五届、六届的中央政治局委员、常委，是党的早期历史的参与者和创造者。毛泽东说：“一个共产党员应该做的，和森同志都做到了。”周恩来也说：“和森同志是永远值得我们怀念的。”

“蔡和森的建党理论和建党活动，使他成为当之无愧的中国共产党的创始人之一。”娄底市委书记、市人大常委会主任李荐国说，“蔡和森的心灵深处，体现着共产党人的初心。娄底对蔡和森纪念馆展陈内容进行丰富拓展，把它打造成‘不忘初心、牢记使命’主题教育的重要载体和平台。”如今，蔡和森纪念馆是全国爱国主义教育示范基地，每年接待游客 60 余万人次，接待开展党性教育和主题党日活动 300 多场次。

谷雄一
少年热血为国洒
大义凛然死如归

谷雄一，1905 年出生于河北省安国市，1921 年考入保定育德中学，1926 年冬加入中国共产党。1929 年 7 月，根据党组织需要，谷雄一着手负责中共北方局军运工作。1930 年 5 月，谷雄一在天津被捕。1931 年 8 月中旬，谷雄一被枪杀于北平西直门护城河边，时年 26 岁。

英烈语录

金钱不能动吾心，权威不能动吾志。吾早有坚定的政治信念……

——谷雄一

“我大爹（伯父）生前总讲，只要革命不成功，他就不结婚，不考虑个人问题。他始终坚信革命终将成功，人民终得幸福生活！”每当提及伯父，谷雄一的侄女谷玲肖不由得肃然起敬。她说：“永远不要忘记先人，珍惜他们流血牺牲换来的美好幸福生活。”

谷雄一，1905 年出生于河北省安国市，1921 年考入保定育德中学，读书期间，他立志为劳苦大众谋幸福，并立下誓言：“卧薪薪能刺吾心，尝胆胆能壮吾志，有志竟成！”

1925 年夏，谷雄一到冯玉祥部西北陆军干部学校学习，毕业后到国民联军方振武部任参谋，1926 年冬加入中国共产党。1927 年大革命失败后，被迫离开国民联军。1928 年夏被派到河北省政府主席商震筹办的河北军事政治学校任教，任区队长。

1929 年 7 月，根据党组织需要，谷雄一着手负责中共北方局军运工作，在华北各派系军队中开展党的军运工作。在计划发动唐山兵变时，因消息走漏，兵变失败，1930 年 5 月，谷雄一在天津被捕。

在狱中，面对敌人的威逼利诱，谷雄一革命信念坚定不移，在寄出的家书里写道：“金钱不能动吾心，权威不能动吾志。吾早有坚定的政治信念……”1930年9月经党组织营救出狱。后任中共山西省委委员兼军委书记。

1931 年 7 月，根据中共山西省委的决定，谷雄一和赫光一起领导山西平定地区国民党军高桂滋一个团举行起义。起义后，部队编为中国工农红军第 24 军，谷雄一任政治委员。率部转战至河北省阜平县，攻占县城，发动和组织群众，建立中华苏维埃阜平县政府，这是华北地区诞生的第一个人民政权，引起国民党当局的极大恐惧和震惊。

8 月 10 日，国民党军石友三部诈降，谷雄一等前往慰问，遭敌伏击，不幸被捕。

1931 年 8 月 12 日，谷雄一被押解到北平陆海空军司令行营军法处。在狱中，面对敌人的威逼利诱，他大义凛然，视死如归。8 月中旬，谷雄一被枪杀于北平西直门护城河边。就义前，他面不改色，高呼："中国共产党万岁！""中国工农红军万岁！"时年 26 岁。

英雄虽逝，然精神长存，泽被后世。

在谷雄一的家乡，他舍身为民谋幸福的精神仍被传颂和发扬着。

在河北省安国市国防教育展室和东山烈士陵园，每天都有自发前来接受爱国主义教育的群众。安国人民秉承先烈遗志，乘着新时代的改革春风，愈加苦干、实干、拼命干，全力打造国家级中药产业聚集之都、健康文化养生之地、绿色生态宜居之城。安国市经济社会发展日新月异，人民生活一天好过一天。

黄公略
杰出的红军将领

黄公略，1898 年出生于湖南湘乡一个农民家庭。1926 年参加北伐战争，同年底入黄埔军校高级班学习。1927 年参加广州起义。同年加入中国共产党。1931 年 9 月 15 日，黄公略率部参加方石岭追击战。在指挥部队转移途中，于吉安东固六渡坳遭敌机袭击，不幸中弹牺牲，时年 33 岁。

英烈挽歌

赣水那边红一角，偏师借重黄公略。

——毛泽东

湖南省湘乡市中沙镇，有一栋砖木结构的普通民居，这就是著名红军将领黄公略的故居，每年有很多党员干部、群众自发来这里缅怀、悼念黄公略，接受革命传统教育。

黄公略，1898 年出生于湖南湘乡一个农民家庭。1916 年参加湘军，当过排长、连长。1926 年参加北伐战争，在攻占武昌城等战斗中立有战功。同年底入黄埔军校高级班学习。1927 年参加广州起义。同年加入中国共产党。

1928 年 7 月，黄公略同彭德怀等领导平江起义，任中国工农红军第五军十三师四团党代表，后任红五军第二纵队纵队长。同年 11 月红五军主力开赴井冈山后，他率部留在平江、浏阳一带发动群众，开展游击战争，创建湘鄂赣苏区。1929 年 9 月任红五军副军长，参与制定和指挥红五军向北开辟鄂东南地区，向南打通与湘赣苏区联系的作战行动，扩大了湘鄂赣苏区。

1930 年 1 月，黄公略调任红六军军长，率部在赣西南地区艰苦作战，发展革命武装，建立苏维埃政权，使分散的游击区连成大块的革命根据地。7 月任红一军团第三军军长。8 月，在奇袭湖南浏阳文家市的战斗中，指挥红三军奋勇作战，歼灭国民党军三个团又一个营，取得红一军团成立后的第一个大捷。后来，在战醴陵、攻吉安的战斗中，红三军都发挥了重大作用。当时，黄公略以其出色的军事才华和对革命的赤胆忠心，在苏区军民中享有崇高威信，与朱德、毛泽东、彭德怀并称为“朱、毛、彭、黄”。

在中央苏区第一至第三次反“围剿”中，黄公略坚决执行诱敌深入的战略方针，指挥红三军英勇作战，屡建战功。在龙冈战斗中击退国民党军第十八师的连续进攻，在富田战斗中歼灭敌军第二十八师等部，在老营盘战斗中歼灭敌军第九师独立旅。

1931 年 9 月 15 日，黄公略率部参加方石岭追击战。在指挥部队转移途中，于吉安东固六渡坳遭敌机袭击，不幸中弹牺牲，时年 33 岁。为纪念黄公略，中华苏维埃共和国临时中央政府决定，在中央苏区设置公略县，将中国工农红军第二步兵学校命名为公略步兵学校。

毛泽东曾在《蝶恋花 · 从汀州向长沙》中写道：“赣水那边红一角，偏师借重黄公略。”足见其对杰出的红军将领、军事家黄公略的信赖和倚重。

湘潭市地方史志研究学者何歌劲说：“黄公略的一生是为党和人民的事业无私奉献的一生，他在革命斗争中表现出的无产阶级革命者的气魄和革命精神是一笔宝贵的精神财富，已深深融入湘乡人民的血液，成为湘乡厚重历史、文化的一部分。”

李超时
革命的烈火是扑不灭的

李超时，1906 年出生于江苏徐州，1926 年加入中国共产主义青年团，同年冬到武汉中央军事政治学校学习，在校期间加入中国共产党。1930 年春，李超时参与创建中国工农红军第 14 军。1931 年 6 月，李超时与妻子吕继英一起在镇江被国民党当局逮捕。9 月 19 日，李超时在镇江北固山英勇就义，年仅 25 岁。

英烈语录

我们牺牲了，江北的工作是不会完的，革命的烈火是扑不灭的，共产党一定会胜利，活着的一定要斗争。

——李超时

身着军服，手拿望远镜，目光坚毅，望向远方……静静立于江苏邳州李超时纪念馆悼念广场上的李超时铜像，仿佛在诉说那段革命故事。

李超时，1906 年出生于江苏徐州邳州市碾庄镇才庄村。小学毕业后，他以优异成绩考入省立第十中学，接受了马列主义思想，与郭子化等人一起进行学生运动。1926 年加入了中国共产主义青年团，曾任共青团徐州地区学运书记，同年冬到武汉中央军事政治学校学习，在校期间加入中国共产党。

1927 年夏，李超时参加讨伐夏斗寅叛军的战斗。同年秋他被派回家乡继续开展革命工作，发动和组织群众，建立中共基层组织。被派到东海建党后，李超时成立了中共东海县特别支部，先后任中共东海县特别支部书记、东海县委书记和东海中心县委书记。

1929 年秋，李超时调任中共（南）通海（门）特委书记，与时任中共（南）通海（门）特委委员何昆等领导改编当地游击队和整顿农民武装，指挥游击队先后取得卢家庄、四甲坝、四扬坝等战斗的胜利，有力推动了该地区游击战争的开展。1930 年春李超时与何昆参与创建中国工农红军第 14 军，何昆任军长，李超时任政治委员。

何昆在江苏如皋西南老户庄战斗中牺牲后，李超时任军长兼政治委员，领导整编部队，整顿纪律，加强军政训练。在他的带领下，中国工农红军第 14 军运用游击战术多次挫败国民党军的“进剿”，领导开辟通海游击区。

1931 年 6 月，李超时与妻子吕继英一起在镇江被国民党当局逮捕，面对敌人的种种酷刑和威逼利诱，他坚贞不屈。国民党江苏省主席叶楚伧亲自劝降，他严词痛斥。9 月 19 日他在镇江北固山英勇就义，年仅 25 岁。

“我们牺牲了，江北的工作是不会完的，革命的烈火是扑不灭的，共产党一定会胜利，活着的一定要斗争。”这是李超时在牺牲前留下的遗言。

为纪念李超时，2006 年徐州市在邳州碾庄镇才庄村建立李超时纪念馆。纪念馆占地 30 余亩，建筑面积约 2000 平方米。

忠魂励后世，沃土花更红。李超时牺牲后，他的精神激励后人前赴后继、英勇战斗。作为省级烈士纪念设施、徐州市爱国主义教育基地，纪念馆每年都吸引大批参观者前来学习瞻仰，烈士的精神激励了一代又一代人。“李超时烈士的一生虽然短暂，但却是革命、奋斗、英勇的一生，我们就是要学习他不怕牺牲大无畏的精神，并将这种精神一代代传下去。”李超时纪念馆馆长杨金歌说。

李硕勋 铁骨铮铮践初心

李硕勋，生于1903年。四川高县人。早年从事革命活动，1924年在上海大学加入了中国共产党。1931年春，党组织决定调李硕勋去中央革命根据地任红7军政委。5月下旬到达香港，因病留在香港。不久被任命为中共广东省军委书记。同年7月在去琼州（今海南岛）指导工作的途中不幸被捕。1931年9月16日，李硕勋被敌人用竹筐抬到海口市东校场，英勇就义，牺牲时年仅28岁。

英烈挽歌

硕勋同志临危不屈，从容就义，是人民的坚强战士，党的优秀党员。

——朱德

四川省宜宾市高县坐落在长江上游支流南广河畔。“滚滚长江东逝水，浪花淘尽英雄。”从高县庆符镇走出的革命者李硕勋，不愧英雄之名，被当地父老一直深深铭记，口口传颂。

李硕勋，生于1903年，四川省高县人。早年从事革命活动，1924年在上海大学加入了中国共产党。1925年五卅运动期间，李硕勋积极参加反帝爱国斗争，被选为上海学生联合会代表和全国学生联合会会长。还以学生代表的身份参加领导了上海工商学联合会（中共领导下的统一战线组织）的工作，推动了声势浩大的罢课、罢工、罢市斗争。1925~1926年，他先后主持召开了第七、第八届全国学生代表大会。

1926年冬，李硕勋受党派遣来到武汉，先后任中共武昌地委组织部长、共青团湖北省委书记。不久就被派到国民革命军第4军，任第25师政治部主任。1927年春率师主力之一部继续北伐，在河南上蔡战役大败奉军，后又回师武汉，参与平定夏斗寅叛乱。8月1日参加南昌起义，任第11军第25师党代表兼政治部主任。起义部队南下广东途中，参与指挥会昌战役并取得胜利。

1927年10月，李硕勋受朱德委派，赴上海向党中央汇报起义军情况后，留在上海从事党的地下工作。他辗转浙江、江苏、安徽和上海等地，先后任中共浙江省委常委、省委军委书记、省委代理书记，上海沪西区委书记、江苏省委军委书记、江南省委军委书记等。这一时期，他根据党的指示，在白色恐怖的核心地带，发动了大大小小数十次起义和战斗。仅1930年一年时间，他在江苏就先后组建起中国工农红军第14军、第15军和第17军，为中国革命事业做出了重要贡献。

1931 年春，党组织决定调李硕勋去中央革命根据地任红 7 军政委。5 月下旬到达香港，因病留在香港。不久被任命为中共广东省军委书记。同年 7 月在去琼州（今海南岛）指导工作的途中不幸被捕。

不论敌人如何严刑拷打，他除了“我是共产党员”的回答外，没有吐露半点儿党的秘密。敌人打断了他的腿骨，打烂了他的皮肉，仍无法让铁骨铮铮的李硕勋低下高贵的头颅。他在狱中给妻子赵君陶写信，表达了视死如归的英雄气概和对妻儿的至深情感、无限期望。

1931 年 9 月 16 日，李硕勋被敌人用竹筐抬到海口市东校场，英勇就义，牺牲时年仅 28 岁。

新中国成立后，朱德曾为李硕勋烈士题跋写道：“硕勋同志临危不屈，从容就义，是人民的坚强战士，党的优秀党员。”邓小平为他亲笔写下“李硕勋烈士永垂不朽”！

在高县庆符镇，家乡父老除了追思感怀，还用浮雕、雕塑等表现手法，展现李硕勋短暂而又伟大的一生，让子孙后人世代铭记，永志不忘。

曾士峨

为大众之生息而战斗

曾士峨，1904 年生，湖南益阳人。1923 年入益阳信义大学，开始接受进步思想。1925 年考入黄埔军校长沙三分校，同年加入中国共产主义青年团。1926 年入国民革命军第八军独立一师学生队，同年加入中国共产党。1931 年 9 月 8 日，在第三次反“围剿”作战中，当敌人向红四军指挥所逼近的危急时刻，他率领敢死队冲向敌阵，壮烈牺牲，年仅 27 岁。

英烈语录

士峨离家四载有余，虽奔波南北，历尽千辛，然为大众之生息，常觉无形的快慰，精神爽奋。

——曾士峨

湖南省益阳市赫山区泥江口镇大桥冲村，青山环绕，阡陌纵横，位于此处的曾士峨烈士陈列馆自 2015 年开馆以来，每年都有上万人前来凭吊。

曾泽民是曾士峨烈士的侄孙，负责管理曾士峨烈士陈列馆。他说，他不仅管理陈列馆这几间房子，更是在守护曾士峨为了理想而奋斗不止、不怕牺牲的精神。

曾士峨，1904 年生，湖南益阳人。1923 年入益阳信义大学，开始接受进步思想。1925 年考入黄埔军校长沙三分校，同年加入中国共产主义青年团。1926 年入国民革命军第八军独立一师学生队，同年加入中国共产党。参加了北伐战争，在国民革命军第四集团军总司令部警卫团任连长。北伐到武汉后，转入我党控制的第二方面军总指挥部警卫团。

1927 年 9 月随警卫团参加毛泽东领导的湘赣边界秋收起义，任营参谋长。三湾改编后任工农革命军（后称工农红军）第一师一团特务连连长，1928 年 5 月任红四军三十一团三连连长，率部参加龙源口战斗和黄洋界保卫战，屡立战功，为井冈山革命根据地的创建、巩固和发展做出了贡献。1929 年 1 月任三十一团一营营长，3 月任红四军三纵队七支队支队长，不久任三纵队参谋长。率部参加大柏地、长岭寨、白沙、上杭等战斗，英勇作战，身先士卒。在转战赣南闽西的艰苦战争环境中，他始终充满革命乐观主义精神。在致亲友的信中写道："士峨离家四载有余，虽奔波南北，历尽千辛，然为大众之生息，常觉无形的快慰，精神爽奋。"

1930 年春曾士峨任红四军二纵队司令员，同年夏任红四军参谋长兼第二纵队司令员、红四军第十一师师长。率部参加中央苏区第一、第二次反"围剿”。1931年8月，在第三次反“围剿”作战中，率部参加莲塘、良村、黄陂战斗，取得重大战果。在高兴圩战斗中，他率部坚守竺高山阵地，与精锐之敌展开顽强争夺。9月8日，当敌人向红四军指挥所逼近的危急时刻，他率领全师以党员和排以上干部为核心的敢死队冲向敌阵，壮烈牺牲，年仅27岁。毛泽东深情地说：“曾士峨同志的牺牲是英勇的。他是在最关键的时候牺牲的。他亲自带部队冲锋，改变了战况。”红军总政治部向全军发出向曾士峨学习的通令。

青山巍巍埋忠骨。1987年，益阳市为纪念曾士峨烈士，激励子孙后代，在会龙山公园修建了曾士峨烈士纪念碑，以表达家乡人民的无限怀念之情。

如今，每到清明节，益阳市各级政府、机关、学校等都会来敬献花篮、花圈。平日里游客上山，也都会到曾士峨烈士纪念碑前瞻仰，鞠躬致敬。烈士的精神在感动和影响着一代又一代人。

周维炯
豫东南红军和苏区创建人

周维炯，1908年生于河南商城上楼房（今属安徽金寨）。16岁加入中国共产党，20岁任河南商南团委书记，21岁任中国工农红军第十一军第三十二师师长，牺牲时年仅23岁。

英烈挽歌

大别山，峰连峰，出了个英雄周维炯。打入民团闹暴动，闹得满天红！

——民歌

16岁加入中国共产党，20岁任河南商南团委书记，21岁任中国工农红军第十一军第三十二师师长，牺牲时年仅23岁。这就是豫东南红军和苏区创建人周维炯短暂又辉煌的一生。

周维炯，1908年生于河南商城上楼房（今属安徽金寨）。1923年入商城笔架山甲种农业学校读书，开始接受马克思主义。1924年加入中国共产党。1926年年底受党组织派遣，入武汉中央军事政治学校学习。1927年夏回家乡，以教书做掩护，开展农民运动。后任商南团委书记。

1928年春，周维炯奉命打入丁家埠民团，从事秘密革命活动。他以民团军事教练的身份，积极做士兵的工作，并在民团中成立了党支部，任党支部书记。

1929年在商城南部、罗田北部和麻城东北部划为特别区时，周维炯任特别区委委员。5月6日参加领导以丁家埠民团为主发动的商南起义，成立中国工农红军第十一军第三十二师，他任师长。他与党代表徐其虚率部打退地主武装和国民党军多次进攻，壮大红军力量，发展农会和赤卫队，领导创建豫东南苏区。后率部策应六霍起义，为红三十三师和皖西苏区的建立做出了贡献。

“大别山，峰连峰，出了个英雄周维炯。打入民团闹暴动，闹得满天红！”鄂豫皖边区流传下来的这首民歌，记录了周维炯这一时期的革命事迹。

从1929年下半年起，周维炯率红三十二师和红三十一师紧密配合，接连粉碎国民党军队对鄂豫边和豫东南苏区的三次“会剿”，巩固和扩大了革命根据地。

1930 年 4 月，鄂豫边、豫东南、皖西三个地区的党组织，根据中共中央指示，组成以郭述申为书记的中共鄂豫边特别区委员会，并将红十一军改编为红一军。同年 5 月起，周维炯任红一军第二师、第三师师长、红四军第十一师师长，参与指挥攻克霍山、英山、光山等县城的战斗，率部参加鄂豫皖苏区第一、第二次反“围剿”和蕲黄广地区作战。

1931 年 3 月在鄂豫皖红军全歼国民党军第三十四师的双桥镇战斗中，率所部第三十三团和第十师第二十八团，迅猛插入国民党军指挥中心，使其指挥失灵，对战斗全胜起了重要作用。

艰苦紧张的战争生活，使周维炯无暇顾及家庭和个人问题。几年中他只回过一趟家。他的未婚妻多次在行军路口上等他，有一次终于等到了，周维炯满怀深情和歉意，对她说：“革命成功了，我们就成亲。”说罢，策马而去。

由于反对张国焘“左”倾冒险计划而遭诬陷。周维炯 1931 年 10 月被杀害于河南光山新集（今新县），年仅 23 岁。

曹学楷

黄麻起义领导人

曹学楷，黄麻起义领导人，鄂豫边红军和苏区创建人。1898 年生，湖北黄安（今红安）人。1918 年考入武昌中华大学附属中学学习，1923 年入武汉中学学习，参加过爱国学生运动。1925 年冬加入中国共产主义青年团，次年转入中国共产党。1931 年 10 月，在“肃反”中曹学楷被错杀于河南省光山县白雀园。1945 年，中共七大追认他为革命烈士。

英烈语录

现在是劳农的世界，无产阶级的世界了。

——曹学楷

距离湖北红安县城25公里的鄂豫皖苏区中心烈士陵园，周边群山起伏、青松叠翠。陵园的烈士墓区庄严肃穆、环境优美。曹学楷烈士墓就安放在这里。

曹学楷烈士的外孙女方建荣每年清明和春节都会来到这里，到外公的墓前扫墓。她说，共产党人的初心就是为人民谋幸福，革命烈士为革命抛头颅、洒热血，无私奉献的精神值得每一位共产党员学习。

曹学楷是黄麻起义领导人，鄂豫边红军和苏区创建人。1898年生，湖北黄安（今红安）人。1918年考入武昌中华大学附属中学学习，1923年入武汉中学学习，参加过爱国学生运动。1925年冬加入中国共产主义青年团，次年转入中国共产党。

1926年8月，曹学楷回到家乡，组织和发动群众，建立中共基层组织和农民协会，任中共七里坪区委书记，是黄安县农民协会主要负责人，领导农民义勇军和自卫军，与土豪劣绅做斗争。1927年11月，参与领导黄麻起义，任起义胜利后成立的黄安县农民政府主席。他在就职演说中宣布："现在是劳农的世界，无产阶级的世界了。"起义受挫后，他随工农革命军鄂东军余部转移到黄陂县木兰山一带开展游击战争。

1928年年初，鄂东军改编为中国工农革命军第7军，曹学楷任军委委员。1928年5月起，参与领导开辟柴山保苏区。他主要负责地方工作，动员群众实行土地革命，支援前方作战。他从实际情况出发，提出了一系列符合当地情况的政策和策略。如对敌斗争中，除首恶者必办外，对民愤不大的上层人物采取中立政策，尽量缩小打击面；对中小地主暂实行减租减息，不急于分配土地；充分利用当地红枪会、土著武装和军阀部队的矛盾，对其进行分化、瓦解和争取工作。按照这些政策和策略，他带领干部深入群众，广泛开展宣传发动工作，取得了显著效果，对建立以柴山保为中心的鄂豫边苏区起了重要作用。

1928 年 7 月后，曹学楷历任中国工农红军第 11 军 31 师参谋长、中共鄂东（后为鄂东北）特委委员、鄂豫边革命委员会主席、鄂豫边红军总预备队政治委员、中共第 1 军前敌委员会委员、第 4 军 11 师政治部主任、第 13 师政治委员等职，率部参加了鄂豫皖苏区第一、第二次反“围剿”。

1931 年 10 月，在“肃反”中曹学楷被错杀于河南省光山县白雀园。1945 年，中共七大追认他为革命烈士。

曹学楷从不计较个人得失，以对党和革命事业的无限忠诚，任劳任怨，辛勤工作，直至生命的最后一刻，党和人民永远铭记这位为创建鄂豫边红军和苏区立下不朽功勋的忠诚战士。

李明瑞

举旗左右江　永远跟党走

李明瑞，1896 年生，广西北流人，1930 年加入中国共产党，是百色起义和龙州起义领导人，中国工农红军高级指挥员。1931 年 10 月，李明瑞在“肃反”中被错杀于江西省于都县，时年 35 岁。1945 年被追认为革命烈士。

英烈语录

革命，跟共产党走，这是我们唯一要走的路。

——李明瑞

“李明瑞烈士纪念馆自 1985 年开放至今，已经接待干部群众 160 多万人次。每年都有不少学校师生、党员和入伍新兵来到纪念馆参观瞻仰烈士英灵，缅怀烈士的英雄事迹。”广西壮族自治区北流市党史办主任廖䶮东说。

李明瑞，1896 年生，广西北流人，1930 年加入中国共产党，是百色起义和龙州起义领导人，中国工农红军高级指挥员。

1918 年，李明瑞进入滇军讲武堂韶关分校学习，1920 年毕业后任桂军排长，在第一次国内革命战争时期，因军功显著升任连长、营长、团长等职。1925 年冬，李明瑞率部参加讨伐军阀邓本殷的南征战斗。

在北伐战争时期，李明瑞先后任国民革命军第七军旅长、师长、副军长，率部转战湘、鄂、赣、皖、苏等省，参加贺胜桥、箬溪、德安、王家铺、龙潭等战役战斗，屡建战功，被誉为北伐“虎将”。

1929 年 4 月，蒋桂战争爆发，李明瑞以拥护蒋介石为名倒戈桂系。同年 5 月，李明瑞率部回到广西，就任军事特派员、第四编遣区主任、广西绥靖公署主任，与广西省政府主席俞作柏一起主政广西。同年 10 月，李明瑞与俞作柏举旗反蒋，后因部下叛变失败。反蒋失败后，李明瑞受中国共产党影响，毅然投身革命，决定移师百色、龙州开辟左右江革命根据地。他对所部官兵说：“革命，跟共产党走，这是我们唯一要走的路。”

1929 年 12 月与翌年 2 月，李明瑞与邓小平、张云逸、俞作豫等领导百色起义和龙州起义，创建左右江苏区，任红七军和红八军总指挥。

1930 年 11 月，红七军和红八军一部在河池整编决定北上。李明瑞、张云逸率领主力从河池出发，转战千里，先后历经激战梅花村、强渡乐昌河和崇义突围等战斗，并于 1931 年春到达湘赣革命根据地。

1931 年 4 月任河西总指挥部总指挥，统一指挥在赣江以西的红七军、红二十军和独立一师。李明瑞率部在河西击溃安福县守敌，连克茶陵、安仁、攸县等城，有力配合中央红军取得了第二次反“围剿”的胜利。

5 月，李明瑞任红七军军长。7 月，率部东渡赣江，历经大小战斗百余次，在江西于都桥头圩与中央红军主力会师，受到中央红军总政委毛泽东和总司令朱德的接见和嘉奖。在参加第三次反“围剿”战斗中，李明瑞率领红七军配合友军东进全歼黄陂守敌毛炳文师两个团。9 月，红七军全歼韩德勤五十二师。第三次反“围剿”胜利后，红七军编入红一方面军第三军团。

1931 年 10 月，李明瑞在“肃反”中被错杀于江西省于都县，时年 35 岁。1945 年被追认为革命烈士。

2018 年 7 月 1 日，经过近 10 个月的闭馆重修，位于北流市城区的李明瑞烈士纪念馆重新面向公众开放。“李明瑞的英雄事迹会一直激励着我们坚持永远跟党走。”廖騉东说。

汪铭 艰难何所惧

汪铭，陕西神木人，生于1903年4月。1922年考入山西省立第一中学，在这里开始阅读《新青年》《向导》等进步刊物，受到了马克思主义的启蒙教育，1925年年初，加入中国共产主义青年团，同年夏转为中国共产党党员。1929年7月21日，由于叛徒出卖，汪铭不幸被捕。1931年10月31日，汪铭英勇就义，年仅28岁。

英烈语录

敌人无论怎样对付你，你都不能供别人，没有生还的希望，就坚定地死，决不能用同志的生命来保全自己！

——汪铭

在陕西省神木市驼峰山下的窟野河畔，保留着近1平方公里的老街区，走进纵横密织的巷道，依然是古朴风格的明清四合院，其中一座便是革命烈士汪铭的故居。

汪铭，陕西神木人，生于1903年4月。1922年考入山西省立第一中学，在这里开始阅读《新青年》《向导》等进步刊物，受到了马克思主义的启蒙教育，1925年年初，加入中国共产主义青年团，同年夏转为中国共产党党员。同年冬，中共太原地方执行委员会成立，汪铭任地委技术书记，在学生和工人中进行革命活动，发展党员和党的组织。

四一二反革命政变后，阎锡山在山西实行“清党”，太原笼罩在腥风血雨中。汪铭临危受命，化名王德昌，以省委特派员的身份，秘密往返太原、晋中等地开展工作，恢复和重建党的组织。1928年夏，汪铭任中共山西临时省委委员。1929年2月，任中共山西省委书记。

在严重的白色恐怖中，山西党组织和中共山西省委多次遭到破坏。1928年年底，汪铭秘密赴上海，向党中央汇报请示工作，并送上《汪铭来的任务与对中央的要求》的书面报告。1929年3月25日，周恩来起草了《中央给顺直省委并汪铭同志的信》，为在白色恐怖下恢复和重建党的组织，在白区开展党的工作指明了正确方向。

根据党中央的指示精神和中共顺直省委的决定，在中共山西省委再次遭到破坏的情况下，1929年4月，中共太原市委成立，汪铭任书记，同时担任中共顺直省委驻山西特派员，负责指导山西中路地区党组织。针对山西党组织屡遭破坏的严重局势，汪铭根据党中央和顺直省委的指示，领导党组织在太原及河东运城一带的工厂、农村、学校和军阀军队中进行了大量艰苦的工作，为恢复和重建党的组织，发展工人、农民运动及兵运工作做出了重要贡献。

1929 年 7 月 21 日，由于叛徒出卖，汪铭不幸被捕。敌人对他施行了压杠子等种种酷刑，逼他供出党组织和党员名单，他严词拒绝，始终严守党的秘密。他对狱中的难友们说：“敌人无论怎样对付你，你都不能供别人，没有生还的希望，就坚定地死，决不能用同志的生命来保全自己！”

1931 年 10 月 31 日，汪铭被敌人押往刑场。临刑前，他昂首挺立，大义凛然，高呼着“打倒国民党反动派”“中国共产党万岁”的口号，英勇就义。年仅 28 岁。

为了纪念汪铭，1988 年，神木县政府在烈士陵园为其建立了雕像。如今，汪铭的家乡已发生了翻天覆地的变化，从贫困县转变为全国百强县。2017 年，快速发展的神木已“撤县设市”，是榆林国家级能源化工基地核心区、全国煤炭主产地。

邓演达 铁血丹心为革命

邓演达（1895~1931 年），字择生，广东惠阳人，1909 年考入广东陆军小学，1911 年加入同盟会。1919 年邓演达从保定陆军军官学校毕业。1920 年年初，应粤军参谋长邓铿急召，邓演达赶赴福建漳州，加入孙中山领导的援闽粤军，开始追随孙中山从事民主革命。1930 年 8 月 9 日，邓演达在上海主持召开第一次全国干部会议，正式成立了中国农工民主党的前身——中国国民党临时行动委员会，主张反帝反封建，推翻南京反动统治，建立平民政权。1931 年 8 月邓演达正准备武装起义时，因叛徒告密在上海被捕，同年 11 月 29 日被国民党当局杀害于南京。

广东惠州市惠城区三栋镇鹿颈村屹立着一尊铜像，身着戎装，伟岸沉雄，神情坚毅。这就是中国农工民主党创始人邓演达的铜像。

邓演达（1895~1931 年），字择生，广东惠阳人，1909 年考入广东陆军小学，1911 年加入同盟会。

辛亥革命爆发后，邓演达等广东陆军小学的同学 10 多人被派往潮汕，参加以姚雨平为首的革命军敢死队。

1919 年邓演达从保定陆军军官学校毕业。1920 年年初，应粤军参谋长邓铿急召，邓演达赶赴福建漳州，加入孙中山领导的援闽粤军，开始追随孙中山从事民主革命。

1920 年后，邓演达历任粤军第一师参谋兼独立营营长、第三团团长。

1924 年，在中国共产党和共产国际的帮助下，孙中山改组国民党，重新解释“三民主义”为反帝反封建的新三民主义，确定了“联俄、联共、扶助农工”的三大政策，并筹办黄埔军校。邓演达被孙中山任命为军校 7 位筹备委员之一。在黄埔军校时，邓演达先后任黄埔军校筹备委员、黄埔军校教练部副主任兼学生总队队长。他尊重苏联顾问，与共产党人周恩来、聂荣臻、叶剑英等真诚合作，彼此亲密无间，开诚布公。同年冬，邓演达赴德国研习政治、经济。

1925 年年底，邓演达回国出席国民党第二次全国代表大会，当选国民党中央候补执行委员，并任黄埔军校教育长。

北伐期间，邓演达担任国民革命军总司令部政治部主任，主持国民革命军的政治工作并参与中路军的军事指挥。他积极推广军队政治工作制度，扩大健全总政治部组织机构，支持了北伐军的军事行动。总政治部在各个军设立政治部，军之下各师也设立政治部。国民革命军 8 个军中，除第一军和第五军外，全部由共产党员任党代表或政治部主任，如李富春、朱克靖、麦朝枢、林伯渠分任第二、第三、第四、第六军政治部主任。

北伐军占领武汉后，邓演达兼任湖北省政务委员会主任和北伐军武汉行营主任，是武汉国民政府中著名的国民党左派领导人。

1927 年 3 月，邓演达出席国民党二届三中全会，当选为国民党中央执行委员、中央政治委员会委员、中央军委主席团成员和农民部部长，并任中央军委总政治部主任。国民党中央农民部决定在武昌创办中央农民运动讲习所，毛泽东实际负责农讲所的工作，邓演达对此给予支持。大革命失败后，邓演达先后到苏联、德国以及一些欧亚国家考察。

1930 年 5 月，邓演达秘密回到上海，同年 8 月 9 日在上海主持召开第一次全国干部会议，正式成立了中国农工民主党的前身——中国国民党临时行动委员会，主张反帝反封建，推翻南京反动统治，建立平民政权。

1931 年 8 月邓演达正准备武装起义时，因叛徒告密在上海被捕，同年 11 月 29 日被国民党当局杀害于南京。

为纪念邓演达烈士，惠州市和惠城区两级政府共同出资建设邓演达纪念园，并于 2010 年投入使用，现为广东省爱国主义教育基地、广东省统一战线基地、全国社会科学普及教育基地、惠州市廉政教育基地。电影故事片《铁血丹心邓演达》等纪念邓演达烈士的书籍、影视作品陆续出版发行。

许继慎
功勋卓著的红军将领

许继慎，1901 年生，安徽六安人。1921 年 4 月加入中国社会主义青年团，1924 年 5 月考入黄埔军校第 1 期，同年转入中国共产党，是该校青年军人联合会骨干。大革命失败后，他在安徽、上海等地从事党的秘密工作。1930 年春，许继慎被党中央派往鄂豫皖苏区，任中国工农红军第一军军长。1931 年 1 月，红一军和红十五军在商南会合，合编为中国工农红军第四军，许继慎先后任第十一师、第十二师师长，展现了杰出的军事才能。1931 年 11 月在“肃反”中被诬陷杀害于河南光山新集，年仅 30 岁。

英烈语录

鼓轮破巨浪，风送夕阳归。明晨云雾散，昂首看朝晖。国事艰难日，英雄奋起时。光阴如逝水，觉醒不宜迟。

——许继慎

在安徽省六安市裕安区青山乡土门店，坐落着“许继慎将军陵园”。这座占地3000平方米的墓园被青松翠柏环绕，烈日浓荫中更显清幽。地面铺设着凝重洁净的大理石，著名雕刻大师刘开渠雕刻的许继慎半身汉白玉雕像和徐向前同志亲自题写的墓碑，都在表达对这位英年早逝的红军杰出将领的无限惋惜和崇敬。

“鼓轮破巨浪，风送夕阳归。明晨云雾散，昂首看朝晖。国事艰难日，英雄奋起时。光阴如逝水，觉醒不宜迟。”这是青年时代许继慎写的一首诗，饱含着其忧国忧民、奋起报国的远大志向。

许继慎，1901年生，安徽六安人。1921年4月加入中国社会主义青年团，曾任安徽省学生联合会常委兼联络部部长，参与领导爱国学生运动。1924年5月考入黄埔军校第1期，同年转入中国共产党，是该校青年军人联合会骨干。毕业后任排长、连长、学生队队长、团代理党代表，参加了第一、第二次东征。1926年任叶挺独立团第二营营长，参加北伐战争攻打平江、汀泗桥、贺胜桥等战役。8月底，在贺胜桥战役中身负重伤依然坚持指挥战斗。之后他升任第二十五师七十三团参谋长。

1927年春，许继慎任第二十四师七十二团团长。以汪精卫为首的武汉国民政府叛变革命后，曾以独立师师长的职位做诱饵，妄图策动许继慎叛党，被他断然拒绝。大革命失败后，他在安徽、上海等地从事党的秘密工作。

1930年春，许继慎被党中央派往鄂豫皖苏区，任中国工农红军第一军军长。临行前，他向中央军委书记周恩来表示：此去必为革命、为人民同蒋介石国民党反动派决一死战，坚决完成党交给的光荣任务。4月许继慎到达鄂豫皖根据地后，同特委书记郭述申一起迅速开展工作，成立了鄂豫皖边区委员会和红一军前敌委员会。6 月中旬，许继慎抓住有利战机，指挥部队大举出击，驰骋在淮河上游、皖西、京汉铁路南段等地，取得一个又一个大捷。1931 年 1 月，红一军和红十五军在商南会合，合编为中国工农红军第四军，许继慎先后任第十一师、第十二师师长。率部取得孝感双桥镇大捷，获鄂豫皖红军首次全歼国民党军 1 个师的胜利，粉碎了国民党军对鄂豫皖苏区的第一次“围剿”，展现了杰出的军事才能。随后，他兼任鄂豫皖革命军事委员会皖西分会主席。他坚决反对张国焘提出的远离苏区、冒险进攻的错误军事行动方针。在遭非法逮捕后，始终坚持原则，对党赤胆忠心。1931 年 11 月在“肃反”中被诬陷杀害于河南光山新集，年仅 30 岁。

刘天章

火链盘腰烧 凛然贯长虹

刘天章，字云汉，1893年12月出生于陕西省高陵县（现为西安市高陵区）一个农民家庭。1918年夏考入北京大学预科，两年后进入化学系学习。1919年作为北大学生会负责人之一参加了五四运动。1921年7月，经李大钊介绍加入中国共产党。1931年10月21日，刘天章等因叛徒出卖被捕。1931年11月13日下午，刘天章在太原英勇就义，时年38岁。

英烈挽歌

太原闹革命，潜足亦潜行。义起平定县，血染阜平城。赫光死奋勇，天章受酷刑。火链盘腰烧，凛然贯长虹。洒遍烈士血，山河换光明。光华开昌运，是慰在天灵。

——赵九鹏

“刘天章是我们高陵最早的共产党员，是我们民族的脊梁，也是我们家乡的骄傲。”陕西省西安市高陵区党史馆解说员陈敏暑期经常带着学生们参观，烈士刘天章的英雄事迹是她每次讲解的高潮部分。

刘天章，字云汉，1893 年 12 月出生于陕西省高陵县（现为西安市高陵区）一个农民家庭。1918 年夏考入北京大学预科，两年后进入化学系学习。1919 年作为北大学生会负责人之一参加了五四运动。为此他曾遭警察逮捕，但不久即获释。

1920 年 1 月，刘天章和杨钟健、李子洲、魏野畴等人，将陕西旅京学生团改名为旅京陕西学生联合会，创办了《秦钟》月刊，向陕西人民传播新文化、新思想。1920 年春，参加李大钊组织的北京大学马克思学说研究会，同年冬加入社会主义青年团。1921 年 7 月，经李大钊介绍加入中国共产党。

1921 年 10 月，刘天章和杨钟健、李子洲等人创办《共进》半月刊，并在《共进》半月刊社的基础上，创立了陕西旅京学生的进步团体——共进社。刘天章被选为共进社的常务主席兼编辑股主任。

1922 年冬天，刘天章加入了由李大钊参加领导的进步社团——少年中国学会，并当选为第四届执行部副主任兼会计。

1924 年 6 月，刘天章从北大毕业后，协助李大钊在北京做党的地下工作。同年秋，在李大钊支持下，刘天章弃文从戎，到当时倾向革命的国民军第二军胡景翼部所在地河南开封创办学生军，并在学兵队里建立了党团组织，任书记。1925 年秋，刘天章任中共豫陕区委委员兼军委委员，与书记王若飞一起创建了开封地区的党团组织。

1927 年 2 月，刘天章受党派遣，赴陕西任中共陕甘区委候补委员，负责宣传工作，并兼任陕西《国民日报》社长。刘天章主办的《国民日报》，作为革命高潮时期陕西人民的喉舌，发挥了宣传革命思想、促进革命运动的作用，深受各界人士的欢迎，日销量达 2000 余份，是当时陕西地区销量最大的报纸。

四一二反革命政变后，他利用《国民日报》揭露和批判蒋介石的背信弃义，同年 7 月 8 日，被国民党反动当局扣押。在狱中秘密组织监狱党支部，他担任支部书记。1929 年夏，在蒋、冯分裂军阀混战的形势下获释出狱。出狱不久，刘天章被派往中共顺直省委宣传部工作，任省委委员，公开身份是《天津商报》总编辑。

1930 年春，刘天章在天津又不幸被捕。在狱中，他备受折磨，但坚不吐实，一直未暴露自己的真实身份和党的秘密，是年 9 月被释放。

1930 年 10 月，刘天章受中共北方局派遣前往山西，参与领导恢复和重建遭到破坏的山西党组织。他先后担任中共太原特委书记、山西省委书记、组织部长等职。经过他与省委其他同志的艰苦努力，山西党组织得到迅速恢复和发展。同时，他还深入工农，开展工农运动和兵运工作，组织工农武装，先后在吕梁地区建立了两支红军游击队。1931 年 3 月，在离石县九里湾正式成立中国工农红军晋西游击队。1931 年 7 月 4 日，刘天章参与组织驻平定县的国民党高桂滋部 2000 余人的武装起义，成立了工农红军第二十四军，并协助地方党组织建立了阜平县苏维埃政府。

1931 年 10 月 21 日，刘天章等因叛徒出卖被捕。在狱中，敌人对他软硬兼施，严刑拷打，妄图从刘天章等人身上获取我党的重要机密。但刘天章始终坚贞不屈，经受住了残酷折磨和摧残，保守了党的机密，坚守了共产党员的革命气节。不久，刘天章深知敌人对他们要最后下毒手，牺牲是不可避免的，便脱下自己身上的破毛衣请狱中的党员转交给党组织，作为他最后交纳的党费。

1931 年 11 月 13 日下午，刘天章在太原英勇就义，时年 38 岁。他的战友赵九鹏曾赋诗撰文纪念他：“太原闹革命，潜足亦潜行。义起平定县，血染阜平城。赫光死奋勇，天章受酷刑。火链盘腰烧，凛然贯长虹。洒遍烈士血，山河换光明。光华开昌运，是慰在天灵。”

新中国成立后，山西党组织和人民群众找到了刘天章烈士的遗骸，举行了隆重的安葬仪式，并在太原双塔寺修建了烈士墓，永志纪念。

李灿

我要追求光明　扫除邪恶

李灿，原名李文彬，1901 年生，湖南宜章人。1928 年 4 月，李灿加入中国共产党。1932 年年初，他被国民党特务逮捕，不久被杀害，时年 31 岁。

英烈语录

我要追求光明，扫除邪恶，已将文彬之名改为灿。

——李灿

革命圣地井冈山的雕塑园中，青松翠柏间竖立着毛泽东、朱德、陈毅等革命先辈的雕塑，常年吸引全国各地游客前往瞻仰。其中，中国工农红军高级指挥员李灿的雕塑呈站姿，身着戎装，手持望远镜，生动再现了他领兵征战的英姿。

李灿，原名李文彬，1901 年生，湖南宜章人。1918 年入湘军第 2 师 6 团 1 营 2 连当兵，编在彭德怀任班长的第 2 班。在军中，他教彭德怀识字，彭德怀教他操练，两人结成至交。后又与营部文书黄公略相识。由于志同道合，感情融洽，遂成好友。

他们目睹军阀部队的腐败风气，产生强烈不满，便秘密串联 7 名士兵，于 1920 年成立革命团体救贫会。李灿因此改名。他在写给家里的信中说："我要追求光明，扫除邪恶，已将文彬之名改为灿。"

1922 年，李灿入湖南陆军军官讲武堂学习。1926 年年任国民革命军第 8 军 2 师 1 团团部副官、连长。参加了北伐战争中的攻克武昌等战斗。

1928 年 4 月，李灿加入中国共产党。7 月参与平江起义的组织准备工作。起义当天，他以全团士兵委员会总代表的身份，庄严宣布："从现在起，全体官兵脱离国民党，举行武装起义！"说罢，他带头除掉大盖帽上的青天白日帽徽，系上红领带。

起义成功后，李灿任中国工农红军第 5 军军委委员兼 1 团党代表、第 5 大队大队长。同年底随红 5 军主力上井冈山。1929 年年初奉命留守井冈山，参加了黄洋界保卫战。后任湘赣边独立第 1 团团长、红 5 军 5 纵队司令员。

1929 年 9 月，李灿率部挺进鄂东南，攻取通山、阳新、大冶 3 县县城，半月之内，率部所向披靡，共缴获迫击炮10余门、机枪30余挺、步枪1000多支。群众奔走相告，箪食壶浆以迎红军，队伍由1000多人增至4000多人，扩编为两个支队。12月配合中共秘密组织发动大冶起义，红5纵队进一步发展到3个支队6000余人，军威大振。

1930年春，李灿率部转战在大冶至咸宁等地，连战告捷，初步打开了鄂东南武装割据的局面。同年6月，他奉命投入红3军团的筹建工作，被任命为红8军军长。

由于在作战中多次负伤，久病不愈，李灿的身体极度虚弱。1930年7月，组织上送他到上海疗养。1932年年初，他赴上海请求中共中央分配工作，被国民党特务逮捕，不久被杀害，时年31岁。

宜章县史志办原主任吴绪斌说："在革命战争年代，李灿通过言行鼓舞了家乡人民投身革命，他对革命无比坚定的信仰以及清廉的品格值得后人传承弘扬。"

如今，在李灿的出生地宜章县玉溪镇长冲村，厂房林立，各类建设如火如荼。20世纪90年代初创建于此的宜章经济开发区已有入园企业300余家，初步形成了新材料、新能源、先进制造、生物医药、电子信息等新兴产业集聚发展的产业园区。

萧人鹄
鄂中起义领导人

萧人鹄，1899 年生于湖北黄冈，1917 年考入中华大学附中，先后参加恽代英组织的“互助社”、“利群书社”，并成为骨干分子之一。1928 年 6 月，萧人鹄受中共中央派遣重返河南，担任中共河南省军委书记。11 月，他在开封被国民党当局逮捕。1932 年 2 月 10 日，萧人鹄被杀害于洛阳，时年 33 岁。

英烈语录

国家多事、强邻剑劈之秋，努力学习，挥戈为社稷。

——萧人鹄

距离湖北黄冈城区30多公里的陈策楼镇张新湾村，烈日之下，绿荫葱葱，巴河傍村而过缓缓流向长江。革命烈士、鄂中起义领导人萧人鹄就诞生在这里。

笔者近日来到张新湾村，在村干部的带领下，沿着弯弯曲曲的田埂小路，步行20分钟，找到了萧人鹄烈士的墓碑。张新湾村党支部书记张仁华说，萧人鹄烈士的英灵就默默无闻地安葬在这里，就如他当年的革命誓言：宁愿一生无名，也要“挥戈为社稷”。

萧人鹄1899年生于湖北黄冈，1917年考入中华大学附中，先后参加恽代英组织的“互助社”、“利群书社”，并成为骨干分子之一。恽代英称赞他“云鹄至诚，可以动人”。1921年秋，他回黄冈陈策楼聚星学校教书，参加陈潭秋等组织的马克思学说研究会活动，不久加入中国共产党。

1924年，萧人鹄来到黄埔军校学习，次年到河南开封等地从事农民运动，任中共豫陕区委委员、荥阳县农民协会主任和自卫团长。1926年，他又领导建立杞县农民协会，组织农民武装，后被选为河南省农民协会主席和党团书记，领导了杞县农民暴动，曾率领30名精壮人员到豫北汲县劫狱，营救出被关押的100多名革命同志。1927年3月，他被选为中华全国农民协会临时执行委员会委员。随后，他领导豫东杞县、睢县、陈留武装起义取得重大胜利，有力地配合了北伐战争。6月，他任叶挺领导的国民革命军第11军24师独立团参谋长，曾奉命回乡招募新兵，首先动员自己的3个弟弟入伍。八七会议后，中共湖北省委根据秋收暴动的需要，将全省划分为7个特区，萧人鹄被派到洪湖地区任中共鄂中特委书记。同年9月，他参与领导沔阳戴家场农民暴动，任鄂中游击队队长。12月，他参与指挥暴动队攻克汭阳县城，领导组建中国工农革命军第 5 军，任军长。

1928 年 6 月，萧人鹄受中共中央派遣重返河南，担任中共河南省军委书记。11 月，他在开封被国民党当局逮捕。面对敌人的严刑逼供，他始终坚贞不屈，不暴露党的秘密。曾担任狱中地下党支部书记，常以京剧戏文“满天风雨满天愁，革命何须怕断头。留得子胥豪气在，三年归报楚王仇”来激励难友。九一八事变爆发后，他曾给弟弟萧民举写信，鼓励他在“国家多事、强邻剑劈之秋”，“努力学习”“挥戈为社稷”。1932 年 2 月 10 日，萧人鹄被杀害于洛阳，时年 33 岁。

陈奇 革命道路可断然走通

陈奇，1904 年生，湖南桂东人。1924 年加入中国共产党。1932 年 3 月陈奇以身殉职，时年 28 岁。

英烈语录

革命的道路可以断然走通，一旦革命成功，双亲和村邻群众，定是永世幸福的。

——陈奇

在解放军“第一军规”颁布地湖南省桂东县，以革命先烈、革命节点命名的道路和地标比比皆是，昭示着这个县的红色传统。其中，陈奇路连接着桂东县一中、桂东县中医院等多个人流集中单位，是县城主干道之一。

陈奇，1904 年生，湖南桂东人。1921 年入衡阳省立第三师范学校读书，积极参加爱国学生运动。1924 年加入中国共产党。从此，他全身心地投入学运、工运，被推选为湖南学联的领导成员。

1925 年五卅惨案发生后，陈奇和学联的几个领导人一起，发动衡阳市的学生举行罢课，游行示威，并向各县、市学生发出宣言，声援上海人民的正义斗争。同年秋，他进入广州农民运动讲习所学习。

1926 年，陈奇被派回桂东组建中共桂东支部，任书记。1927 年他以省委特派员身份，领导桂东农民运动，组织农民自卫军，参加了毛泽东领导的湘赣边界秋收起义，任中国工农革命军第 1 师 1 团的连党代表。1928 年，陈奇任中共桂东县委书记兼县苏维埃政府主席、湘赣边区游击队大队长，参与开辟湘赣边游击根据地。

1928 年 8 月的一天，毛泽东来到陈奇家里做客。当毛泽东得知主人字“贯一”时，诙谐地说：“夫子之道，一以贯之，只是我们的夫子是马克思。”

1929 年 4 月，陈奇任红 5 军 5 纵队 2 大队党代表，8 月随军挺进鄂东南，同年 12 月策应大冶起义。1930 年 6 月任红 8 军 4 纵队司令员，7 月率部过长江，任行动委员会书记，统一指挥第 4、第 5 纵队，领导开辟蕲（春）黄（梅）广（济）革命根据地的斗争。同年 10 月任红 15 军政治委员，奉命与军长蔡申熙率部转战到鄂豫皖苏区，参加第一次反“围剿”。

在艰苦的战争环境中，陈奇不忘通过家信安慰父母——“革命的道路可以断然走通”，“一旦革命成功，双亲和村邻群众，定是永世幸福的”。

陈奇十分重视部队的思想政治建设，建立和健全党团组织，加强党的领导。在每个连队成立士兵委员会，发扬军内民主。为提高部队的文化水平，连队每个班设识字班长，每天负责教战士识字，读红军小报。军部还组成一个特务连，除担负作战任务外，在部队行军、宿营中负责检查执行纪律情况。

1931 年 1 月起，陈奇任红 4 军第 10 师政治委员、第 13 师政治委员、第 12 师 34 团团长、第 10 师师长。期间，他坚决抵制张国焘的“左”倾错误，不计较职位高低，英勇驰骋沙场，率部参加鄂豫皖苏区第二、第三次反“围剿”。

1932 年 3 月陈奇以身殉职，时年 28 岁。1945 年，中国共产党第七次全国代表大会追认他为革命烈士。

桂东县史志办主任李晓江说：“陈奇一生都在追求真理、传播真理，在革命战争中他不忘初心，至死不渝。牺牲时年仅 28 岁，可以说是少年英烈，碧血成歌，特别值得现在的年轻人对照学习。”

走进陈奇出生地桂东县沤江镇光明村，满目苍翠，所见绿植几乎都是村民们的“摇钱树”。据悉，光明村采取“合作社＋基地＋农户”模式，创办专业合作社和经济联合体，发展花卉苗木、楠竹、小水果等产业，基本实现村有主导产业、户有致富门路、人有实用技术。

祝应龙
舍命掩护主力部队突围
的赤色警卫师师长

档案显示，祝应龙的出生日不详、籍贯不详。1932 年 3 月 5 日，赣东北省委决定在东乡开辟新的根据地，派祝应龙和时任中共赣东北省委巡视员的邵式平于 6 月 22 日开赴东乡。6 月 27 日，国民党包围东乡东部地区，祝应龙在战斗中牺牲。

在江西省抚州市东乡区珀玕乡党委、政府驻地院墙东侧约200米处，有一处烈士纪念园。园内安葬着第二次国内革命战争时期为民族解放英勇捐躯的中共党员、赣东北赤色警卫师师长祝应龙。

“他留下的壮烈事迹和无畏精神，滋养着一代又一代东乡民警，激发我们的荣誉感、使命感和责任感。”抚州市东乡区公安局民警乐涌涛和同事在祝应龙革命烈士纪念碑前，排成整齐的队伍，庄严地举起右拳，重温“入警誓词”。

档案显示，祝应龙的出生日不详、籍贯不详，就连名字当中的“应龙”二字也是根据东乡口音音译而来。1932年3月5日，赣东北省委决定在东乡开辟新的根据地，派祝应龙和时任中共赣东北省委巡视员的邵式平于6月22日开赴东乡。他们率领800余名官兵，挺进以珀玕弄里艾家为中心的东乡、余江周边地区，在弄里艾家村成立了东乡县苏维埃临时政府。

接连取胜后，赤色警卫师扎营下湖徐家村。

6月27日，国民党抽调国民党部队第53师和第5师两个师的兵力，采取分进合击战术，包围东乡东部地区，企图在徐家村消灭赤色警卫师。

战斗惨烈，洪水汹涌。当时，敌人占领了制高点，密集的火力封锁了交通要道。如不及时组织突围，部队面临全军覆没的危险。

在生死关头，祝应龙与几位团长商议，由他带领100余名士兵抢占旁边一处制高点，压住敌人火力，部队其余700余名官兵由邵式平指挥往东北方向突围。

在战斗中，一直跟随在祝应龙身边的新婚妻子壮烈牺牲。面对突如其来的巨大不幸，祝应龙强忍悲痛，冲锋陷阵。

为了打掉敌人的火力点，他从身边一个已经牺牲的战士手中拿过一把枪跃出壕沟，冲向制高点要去强抢敌人机关枪。就在接近制高点时，祝应龙不幸身中数弹，英勇牺牲。牺牲时，他手中紧握着枪支，保持着冲锋的姿态。

战斗中，与祝应龙一起担任掩护任务的100余名红军战士血战到底，全部壮烈牺牲（包括1名团长）。赤色警卫师剩余的700余名官兵在邵式平的指挥下，向东北方向成功突围。

祝应龙牺牲后，国民党的士兵抬着他的遗体报功，行至半途，被武装群众截获，将他的遗体安葬。

祝应龙的英勇事迹被东乡人民永远铭记，在他牺牲之地，当地政府为其修建了纪念碑和烈士墓。数十年来，每逢清明节等重要时间节点，都有许多干部群众、教师学生前往凭吊。

李耘生

雨花台前血染的信仰

李耘生，1905 年出生于山东省广饶县，1924 年加入中国共产党。1932 年年初，因叛徒出卖，时任中共南京特委书记的李耘生被捕，同年 6 月 8 日被敌人押往雨花台刑场杀害，年仅 27 岁。

英烈语录

为人民，头可断，血可流，志不屈。要在任何斗争中经得起考验！

——李耘生

雨花台，一座聚集着烈士英灵的山岗，静默无语。

1932年6月8日，中共南京特委书记李耘生被押往雨花台刑场，在生命最后一刻，牢记信仰的他被敌人问及“有什么遗嘱？”李耘生坚定地对刽子手说：“我的遗嘱就是盼望亲人与你们斗争到底！”

在山东省东营市广饶县大王镇西李村文化大院内，辟有李耘生事迹陈列室。其生平事迹、丰功伟绩、革命精神是广饶红色文化的重要组成部分。作为东营市建立的第一个烈士事迹专题馆，如今，李耘生事迹陈列室已成为广大党员干部群众接受党史和爱国主义教育的重要平台，受到各界好评。

李耘生，1905年出生于西李村一个农家，自幼聪慧，在学校品学兼优，1919年春，以优异成绩考入山东省立青州第十中学。此时正值五四运动爆发，李耘生在进步师生带动下，满怀爱国激情，走上街头，参加了青州各界人士组织的万人大会和游行示威。

1923年10月，李耘生加入中国社会主义青年团。1924年2月由王尽美介绍加入中国共产党。

1926年2月，李耘生调任中共山东地委，负责组织工作。1926年年底，为了适应北伐战争的需要，中共中央从各地抽调一批优秀干部到武汉工作。1927年1月，李耘生来到武汉，任中共武汉硚口特区区委书记。大革命失败后，李耘生担任中共武昌市委书记，转入地下继续坚持斗争。1928年春，李耘生调任中共南京市委工作，化名李立章，因叛徒告密，他被反动当局以“共党嫌犯”关押10个月后释放。出狱后，党组织调他到京沪线上做铁路工人的工作。

1931年2月，李耘生受中共江苏省委派遣到南京重建市委。他化名李涤尘，任南京市委副书记兼组织部长，以中学教员的身份做掩护，发展党员，重建党组织。1931 年年底，中共江苏省委决定成立南京特委，李耘生任特委书记，负责南京及附近地区各县党的工作和武装工作。

1932 年年初，因叛徒出卖，南京党组织又一次遭到严重破坏，李耘生被捕。在狱中，敌人对他百般利诱、酷刑拷打，逼他说出党的秘密，敌人对他说："现在摆在你面前的有两条路，一条生路，一条死路。只要你说四个字：愿意转变，就是生路。"李耘生怒斥："共产党人为劳苦大众奋战求解放，这是我奋斗的目标。需要转变的是你们这一帮为蒋介石卖命、与人民为敌的家伙！"

李耘生还对难友们说："为人民，头可断，血可流，志不屈。要在任何斗争中经得起考验！"

同年 6 月 8 日，李耘生被敌人押往雨花台刑场杀害，年仅 27 岁。

王良 军功传千古

王良，原名王化贼，字傅良，号兴春，1905 年 8 月 5 日出生于重庆綦江区永城镇。1927 年 8 月加入中国共产党。1932 年 6 月 13 日，王良率红四军奉命回师赣南根据地途中，经福建武平县大禾圩时遭敌匪袭击，不幸壮烈牺牲。

在重庆市綦江区烈士陵园湖岸石壁，陈列着一幅浮雕作品《渔家傲·反第一次大“围剿”》。80多年前，红军部队在反第一次大“围剿”中取得胜利，活捉国民党军前线总指挥张辉瓒，毛泽东同志挥毫题词纪念，留下了“万木霜天红烂漫，天兵怒气冲霄汉”的壮丽诗篇。而在这场战争中立下赫赫战功的，正是中国工农红军建军初期的著名将领、红四军军长王良将军。

王良，原名王化贼，字傅良，号兴春，1905年8月5日出生于綦江区永城镇。1926年9月，王良考入黄埔军校第5期，1927年8月加入中国共产党，同年9月参加湘赣边界秋收起义，后跟随毛泽东进军井冈山，参与创建井冈山革命根据地。

1927年9月，王良参加三湾改编，由见习参谋升任中国工农革命军第一师第一团三营九连连长。1928年2月，任十一师三十一团一营一连连长，率队参加保卫井冈山革命根据地的龙源口、黄洋界等战斗。

1929年1月，王良跟随毛泽东、朱德、陈毅同志，踏上了前往赣南闽西的征程。同年12月，红四军到达上杭古田镇，王良参加了著名的古田会议。次年6月，红四军在长汀整编，王良任红四军第一纵队司令员。10月，红四军在吉安改编，25岁的王良出任红十师师长。

1930年11月，蒋介石调集10万大军实行第一次大“围剿”。王良坚决执行毛泽东提出的“诱敌深入”的作战方针，率红十师东渡赣江，退守革命根据地，待机歼敌。

1930年12月30日，王良率领红十师担任对龙岗西北之敌的攻击任务，全歼国民党军18师师部和两个旅，俘敌9000余人，活捉了敌军前线总指挥张辉瓒，取得了红军第一次反“围剿”的伟大胜利。毛泽东、朱德决定，把缴获张辉瓒的怀表、钢笔嘉奖给王良。

1932年3月，王良升任红四军军长。同年6月13日，其率红四军奉命回师赣南根据地途中遭敌匪袭击，不幸壮烈牺牲。毛泽东同志当时高度评价了王良的一生，称赞“王良是一个好干部”。

为了缅怀王良将军，家乡人民在綦江区烈士陵园树立了王良烈士纪念碑。2005 年，王良诞辰 100 周年之际，綦江群众还在永城镇最高的凤冠山上，自发修建了一座“将军亭”，并刻上了“军功传千古”、“千古之师”等题刻。

如今，在王良将军的故乡綦江区永城镇，修缮一新的王良故居已经进入筹备布展阶段，于 2019 年初正式对外开放。“将军故居不仅是一间文物保护单位，更是一座弘扬将军精神、传承将军遗志的宝贵殿堂。作为后人，我们一定要将这份珍贵的红色精神深深扎根于心中。”綦江区委党史研究室副主任陈平说。

吉国桢

生命不息，战斗不止的英雄

吉国桢，1899年生于陕西省华县（今渭南市华州区）。1924年，吉国桢前往北京求学。1926年夏，吉国桢被派往莫斯科中山大学学习，同年秋转为中国共产党党员。1931年，九一八事变爆发后，吉国桢在河南领导成立抗日组织，展开抗日救亡运动。1932年7月下旬，因叛徒告密，吉国桢在郑州被捕，后被押往开封。8月22日凌晨，吉国桢英勇就义，时年33岁。

英烈语录

中国共产党万岁！中国革命万岁！

——吉国桢

“爷爷为了国家和民族的光明前途而牺牲，是我们所有人的榜样。家人在做任何事时，都会以爷爷的精神来严格要求自己，我们在教育自己子女时也都常常讲起爷爷的故事。”烈士吉国桢的侄孙吉胜任每每念起他，崇敬之情便油然而生。

吉国桢，1899 年生于陕西省华县（今渭南市华州区）。1920 年春考入咸林中学，在进步教师魏野畴等人影响下，开始接受新思想，与同学发起组织了学生自治会，开展读书、讲演、演新剧等活动，并参加了进步团体——青年励志社。

1924 年，吉国桢前往北京求学，加入了旅京陕西青年的进步组织共进社。他在复习报考大学的同时，积极参加共进社所领导的革命活动。同年夏，吉国桢考入上海大学社会学系，并加入中国社会主义青年团。

1925 年，五卅惨案发生后，吉国桢参加游行示威，散发传单，并深入工厂，向工人们揭露帝国主义压榨工人、镇压中国革命的罪行。同年夏，吉国桢等人发起成立上海大学陕西同学会，创办了《新群》半月刊，宣传马列主义，揭露帝国主义及封建军阀孙传芳的罪行。

1926 年夏，吉国桢被派往莫斯科中山大学学习，同年秋转为中国共产党党员。

1929 年回国后，吉国桢担任中共陕北特委书记。他主持开办党、团员训练班，秘密开展学运、农运和兵运，使陕北的党、团组织和革命运动有了很大发展。至 1930 年夏，陕北党团组织遍及十余县，党团员达 2000 余人。

1930 年 7 月起，吉国桢先后任陕西省委常委兼西安市委书记，并参加省委组织委员会、军事委员会和职工运动委员会的领导工作。同年 10 月，省委机关被国民党特务发现，吉国桢和20多名省、市委领导同志、基层党团干部被敌人逮捕。吉国桢在狱中受尽酷刑，始终坚贞不屈，严守党的机密。11月底，吉国桢越狱。出狱后，省委决定由吉国桢负责组织临时常委，主持省委工作。

1931年5月，吉国桢任中共河南省委书记。在严酷的白色恐怖下，他不避艰险，整顿各地党团组织，领导党团组织深入基层，发动农村游击战争，在敌军部队中策动兵变，组织城市工人罢工，有力地回击了国民党反动派的屠杀政策。吉国桢还很重视兵运工作，担任河南省委书记伊始，就根据了解到的情况，向党中央建议开展对国民党二十六路军的兵运工作，并派遣一位在二十六路军中有广泛关系的干部到该军进行策动工作，为促成宁都起义做出了贡献。吉国桢还指导省委宣传和组织部门先后出版了《中州时事》《中州新闻》《群众周刊》《党的建设》等刊物，揭露军阀罪行，宣传红军作战的胜利及各地群众斗争的情况，加强了对党员和群众的教育。

1931年，九一八事变爆发后，吉国桢在河南领导成立抗日组织，展开抗日救亡运动。是年冬，吉国桢积劳成疾，一度半身瘫痪，卧床不起。经过治疗，病情稍愈，他又投入紧张的斗争。

经过吉国桢和战友们的努力，遭受严重破坏的河南党组织迅速得到恢复和发展，党员由几百人发展到2300多人，遍布全省90多个市、县，成立了开封、郑州两个市委，豫南和豫北两个特委，许昌、洛阳等5个中心县委，临颍、舞阳等3个县委，孝义、淮阳和军事学校等20多个特别支部。

1932年7月下旬，因叛徒告密，吉国桢在郑州被捕，后被押往开封。在狱中，敌人妄图从他口中得到党组织的秘密，对他威逼利诱、严刑拷打。原本就有伤病在身的吉国桢被打得遍体鳞伤，但他始终坚贞不屈，敌人未能得到任何口供。8月22日凌晨，吉国桢与13位同志一起，高呼着“中国共产党万岁”、“中国革命万岁”的口号，高唱着《国际歌》，大义凛然地走向刑场，英勇就义，时年 33 岁。

英雄已逝，但他的精神巍然长存。在吉国桢的家乡，人们依然传颂着他的英雄事迹。

田位东
枣庄『七月大罢工』领导人

田位东，1907 年出生于山东省菏泽市，1925 年加入中国共产主义青年团，1926 年进入武汉军事政治学校。大革命失败后，田位东回到家乡坚持革命斗争。1927 年夏，田位东加入中国共产党，同年 5 月任中共山东省委交通员。1932 年 7 月，由于工贼出卖，田位东不幸被捕。8 月 3 日，在济南千佛山下，田位东英勇就义，年仅 25 岁。

英烈语录

在我们面前/白色恐怖，困苦，艰难，好像几座大山，但挡不住我们！劳苦大众联合起来粉碎帝国主义的锁链！自食其力，何须要人可怜。前进，前进！冲破黎明前的黑暗，胜利就在明天！

——田位东

生平事迹、故居遗物、半身铜像、纪念碑……在菏泽市烈士陵园，田位东烈士被父老乡亲记在内心最深处，每年都有大批群众前来参观瞻仰烈士英灵，缅怀烈士的英雄事迹。

田位东，1907 年出生于山东省菏泽市，1925 年加入中国共产主义青年团，1926 年进入武汉军事政治学校。大革命失败后，田位东回到家乡坚持革命斗争。1927 年夏，田位东加入中国共产党，同年 5 月任中共山东省委交通员。

1929 年 7 月，田位东与山东省委书记刘谦初同时被捕，因未暴露身份于 1930 年 8 月获释。出狱后，党组织派田位东到青岛担任山东省互济会宣传部长，负责营救被捕的同志，不久又被党组织派往泰安工作。在白色恐怖极为严重、斗争环境十分险恶的形势下，田位东不仅毫不畏缩，反而更加坚定对革命事业的胜利信念，始终充满革命乐观主义精神，曾以拉黄包车、上山打柴等做掩护，坚持地下斗争，为党组织筹集活动经费，资助生活无着的同志。

1931 年 3 月，党组织派田位东到枣庄，在煤矿工人中秘密发展党员和建立党的组织，先后建立起了中共枣庄矿区工作委员会、中共枣庄矿区特委，田位东担任书记。矿区斗争环境复杂险恶，为了更好地组织工人斗争，田位东经常下井挖煤，深入工人群众，向工人讲解革命道理，把大批矿工紧紧地团结在党的周围。在党组织领导下，矿区工人队伍逐渐壮大，为改善劳动和生活条件开展了多次罢工斗争。

1932 年 7 月，中共枣庄矿区特委组织领导数千煤矿工人，以“减少工时”“增加工资”“取消包工制”为口号，进行了“七月大罢工”，并准备进行武装暴动。由于工贼出卖，田位东不幸被捕。资本家摆下筵席，想软化、收买他，但他不为所动，并揭露敌人的阴谋。敌人对他进行严刑拷打，他威武不屈，坚守自己的信仰。随后，敌人组织法庭对他进行审判，他视死如归，义正词严地驳斥敌人的指控。1932 年 8 月 3 日，在济南千佛山下，田位东高唱着《国际歌》，呼喊着“中国共产党万岁”等口号，英勇就义，年仅 25 岁。

柳直荀

『杨柳轻飏直上重霄九』

柳直荀，1898 年 11 月出生于湖南长沙县，1924 年 2 月加入中国共产党。1932 年 9 月，柳直荀遇难牺牲，时年 34 岁。

英烈挽歌

我失骄杨君失柳，杨柳轻飏直上重霄九。

——毛泽东

盛夏八月，艳阳高照。笔者来到位于湖南长沙县高桥镇中南村方田冲的柳直荀故居，但见大门上尚遗留“黄棠山庄”四个大字，系柳直荀父亲柳午亭所书，另有门联曰：“厚德载福；和气致祥。”

柳直荀故居建于清光绪年间，为砖木结构普通民宅。1898 年 11 月 3 日，柳直荀在此出生。1998 年柳直荀故居按原貌修复，2000 年故居被定为长沙市文物保护单位。

柳直荀 1912 年考入长沙广益中学，后考入雅礼大学预科。期间，他结识了进步人士杨昌济以及毛泽东、何叔衡、张昆弟等人，在毛泽东等人影响下开始学习和研究马克思主义，1920 年 10 月加入中国社会主义青年团。1924 年 2 月，经何叔衡等人介绍加入中国共产党。

大革命兴起后，柳直荀按党的要求，到湘潭等地开展农民运动。1926 年 7 月，北伐军攻占长沙，柳直荀当选为新成立的省政府委员，并任省农民协会秘书长，为推动湖南农民运动蓬勃发展做出了重要贡献。

四一二反革命政变后，他立即发出声讨蒋介石的联合通电，动员民众与国民党新军阀作坚决的斗争。1927 年 5 月 21 日长沙马日事变发生当天，他迅速发动农民自卫军奋起抵抗，组织数万农军进攻长沙。

同年 7 月，柳直荀与郭亮等人经武汉到南昌，被党组织编入贺龙的部队，参加南昌起义，后随军南下广东。不久被党派往上海、天津等地从事秘密斗争。1928 年 9 月任中共顺直省委秘书长，参加了周恩来主持的中共顺直省委扩大会议。1929 年冬调任中共湖北省委书记，不久又任中共中央长江局秘书长和中央军委特派员。

1930 年 4 月，柳直荀受命到洪湖革命根据地工作，任红二军团政治部主任、军团前敌委员会委员兼红六军政委。1931 年 3 月，红二军团改称红三军，柳直荀任红三军政治部主任和前委委员。他与贺龙、段德昌等同志率部队打退了敌人的多次围攻，使湘鄂西革命根据地得到了巩固和发展。

1931 年 6 月，中共鄂西北临时分特委成立，柳直荀任特委书记兼房县县委书记。此后，柳直荀先后受命组编红二十五师、鄂西北独立团、洪湖独立团，后合编为红八师，柳直荀均兼任政委，为巩固和发展革命根据地做出了巨大贡献。

在此期间，党内和根据地内“左”的错误方针和政策发展起来，柳直荀因坚决反对，于 1932 年春夏间被撤销了在党和红军中的领导职务。1932 年 9 月，柳直荀遇难牺牲，时年 34 岁。1945 年 4 月，中共中央给柳直荀平反昭雪，追认为革命烈士。

1957 年 5 月 11 日，毛泽东复信柳直荀夫人李淑一，并附《蝶恋花·答李淑一》词一首，“我失骄杨君失柳，杨柳轻飏直上重霄九”，表达了毛泽东对柳直荀的怀念之情。

毛简青

『对革命坚定，这样一直到他的死』

毛简青，1891 年 11 月生于湖南平江县，1922 年加入中国共产党。1931 年，毛简青被派到湘鄂西革命根据地，在艰苦的斗争环境中，他长期坚持带病工作，1932 年不幸病逝，时年 41 岁。

英烈挽歌

爽朗、诚恳、耐艰苦，对革命坚定。这样一直到他的死。

——谢觉哉

汨罗江穿过湖南省岳阳市平江县三阳乡。江畔坐落着一处全国重点文物保护单位——毛简青烈士故居。这是一栋两层砖木结构的老房，始建于1919年，为毛简青留学日本时结合中日建筑风格设计而成。

炎炎夏日，每天都有游客前来瞻仰。中共平江县委旧址（毛简青烈士故居）管理处主任胡军告诉笔者，许多参观者都会问一个同样的问题："一名富绅子弟，为什么愿意放弃舒适和安逸，选择献身革命？"

毛简青，1891年11月生于湖南平江县浊水金窝（今三阳乡大西村）一个富绅家庭。1913年赴日本留学，1921年毕业于日本东京帝国大学。同年夏回国，在长沙任教。1922年加入中国共产党。他长期从事党的宣传教育工作，与毛泽东、何叔衡等建立了深厚友谊。

1924年，毛简青被党组织选派到黄埔军校任政治教官。1925年到广西梧州领导开展党的工作，同年底建立了广西最早的一个党支部——梧州支部。1926年春兼任黄埔军校第一（南宁）分校政治教官，同时担任新成立的中共梧州地方执行委员会宣传委员，领导梧州地区的工农和学生运动，发展党的组织，培养革命人才。在梧州地委的指导下，广西各地党组织先后建立和发展起来。

1927年四一二反革命政变后，毛简青被中共湖南省委派回平江领导当地党的组织，发动群众，建立工农武装。马日事变后，担任中共湖南省委候补委员兼平江县委书记，领导组建"平江工农义勇军"，攻打平江县城，建立革命政权。后来"平江工农义勇军"参加了秋收起义，并在毛泽东指挥下进军井冈山，开辟革命根据地。随后，主持成立湖南工农革命军平（江）湘（阴）岳（阳）游击总队。1928年3月16日，指挥游击总队和数万农民群众攻打平江县城，即“平江三月扑城”斗争，沉重打击了敌人，显示了党领导的农民武装的巨大威力。

1928年6月，毛简青作为湖南代表出席在莫斯科举行的党的第六次全国代表大会，担任湖南代表团书记，被选为大会主席团委员、代表资格审查委员会委员，并任大会政治、组织、农民土地问题等七个委员会委员，参与大会领导，为开好党的六大做了积极有益的工作。随后，又参加了共产国际第六次代表大会。

1928年冬，毛简青回到上海，在全国互济总会工作，并为党中央机关从事日、英、俄等国文字翻译。

1931年，毛简青被派到湘鄂西革命根据地，负责主编中共湘鄂西省委机关报《红旗日报》。在艰苦的斗争环境中，他长期坚持带病工作，1932年不幸病逝，时年41岁。曾与他一起工作过的谢觉哉这样评价他：“爽朗、诚恳、耐艰苦，对革命坚定。这样一直到他的死。”

1991年，毛简青的墓冢从湖北洪湖迁回平江，平江县人民政府为其立碑：“先烈精神千秋在，英灵浩气万古存”。

曹大骏
忠心为党　铁骨铮铮

曹大骏，1902 年生，湖北阳新人。1923 年入武昌高等师范学校，1924 年年初加入中国共产党。1926 年春，根据中共的指示，他以个人身份加入国民党，参加迎接北伐军的准备工作。1931 年 5 月，曹大骏因带头抵制张国焘的错误路线被撤销军内职务，后调任中共红山（今英山）中心县委书记，红 27 军供给处政治委员。1932 年 10 月，曹大骏随军到安徽桐城一带活动。在一次激烈的对敌战斗中，他身先士卒，奋勇杀敌，壮烈牺牲，时年 30 岁。

“在鄂豫皖根据地形成过程中，有我们的一位家乡人有着突出贡献，大家知道他是谁吗？”

“知道。他的名字是曹大骏。”

在湖北省大冶市，每当历史课中讲起以大别山为中心的鄂豫皖根据地形成过程时，老师们总会满怀敬意地讲起曹大骏的故事。

曹大骏，1902年生，湖北阳新人。1923年入武昌高等师范学校（后改为武昌中山大学）就读。在此期间，他广泛阅读进步书刊，经常参加火炬社、青年读书社等进步团体的活动，结识了萧楚女、恽代英等革命青年。

1924年年初，曹大骏加入中国共产党。同年回乡开展革命活动，他广泛联络各方志同道合的知识青年，创办了龙山文化促进社（简称龙山书社），宣传革命思想。1925年夏组织建立了阳新县中共刘宣塆支部和该县第一个秘密农民协会。1926年春，根据中共的指示，他以个人身份加入国民党，参加迎接北伐军的准备工作。

曹大骏先后担任中共阳新县委组织部部长，国民党阳新县党部执行委员兼军事部部长，阳新县总工会委员长。在曹大骏等人的领导下，阳新县的工农运动蓬勃发展，全县参加农会的会员达30万之众，居湖北全省之冠。

1927年11月，曹大骏被选为中共阳（新）大（冶）县委执行委员，1928年5月任中共阳新县委常委兼宣传部部长，积极开展恢复和建立党组织工作，领导农民武装反抗敌人的“清乡”斗争。1929年1月任中共湖北省委巡视员，帮助恢复和健全了黄梅、广济两县党的组织。经过对黄、广、阳、大4县的巡视，他决定在大冶山区创办一个红军训练班和一个党务训练班，并亲自为这两个训练班讲课，培养了一批军政干部。后任中共中央巡视员，于同年10月前往鄂豫皖苏区工作。

1930年4月，曹大骏任中共鄂豫皖特委执行委员，中共红军第1军前敌委员会书记兼政治委员，与军长许继慎率部转战鄂豫皖边区，参与指挥麻埠、英山、罗田和四姑墩等战斗，粉碎了国民党军对鄂豫皖苏区的第一次“围剿”。后任红 4 军政治部主任。

1931 年 5 月，曹大骏因带头抵制张国焘的错误路线被撤销军内职务，后调任中共红山（今英山）中心县委书记，红 27 军供给处政治委员。

曹大骏兄弟 5 人，他的两个弟弟曹井、曹乡先后为革命献身，他的妻子吕相珠，也因从事革命活动，在怀孕期间惨遭国民党反动派杀害。面对敌人的屠刀，他英勇不屈、意志坚定；面对党内的不公正待遇，也丝毫没有改变他对党和革命事业的耿耿忠心。

1932 年 10 月，曹大骏随军到安徽桐城一带活动。在一次激烈的对敌战斗中，他身先士卒，奋勇杀敌，壮烈牺牲，时年 30 岁。

蔡申熙

中国工农红军杰出指挥员

蔡申熙，原名蔡升熙，1906 年生于湖南醴陵一个贫苦农民家庭。1920 年入县立中学读书，积极参加进步学生运动。1924 年春入孙中山陆军讲武学校，后转入黄埔军校第 1 期学习。同年秋加入中国共产党。1932 年 7 月，正值国民党军对鄂豫皖苏区发动第四次“围剿”时，蔡申熙被调任第 25 军军长。10 月 9 日，在湖北黄安（今红安）河口镇战斗中，蔡申熙腹部中弹，躺在担架上坚持指挥战斗，直至壮烈牺牲，年仅 26 岁。

英烈挽歌

蔡申熙同志是红十五军的主要创始人之一，对鄂豫皖红军的建设和发展做出了重大贡献。他不仅具有战略家的胆识和气度，而且在历次战役战斗中机智果断、勇猛顽强，因而在红四方面军中有很高的威望。

——徐向前

在湖南省醴陵市的渌江中学门前，有一条以革命烈士蔡申熙命名的申熙路。从申熙路进入中学校门，会经过一个小广场，广场上展示着蔡申熙等从这所中学走出的革命先辈的英雄事迹。渌江中学副校长刘国富告诉笔者：“红色精神潜移默化地贯穿了学生们的日常，自然而然就激发起他们对革命先烈的崇敬之情。”

蔡申熙，原名蔡升熙，1906 年生于湖南醴陵一个贫苦农民家庭。1920 年入县立中学读书，积极参加进步学生运动。1924 年春入孙中山陆军讲武学校，后转入黄埔军校第 1 期学习。同年秋加入中国共产党。毕业后留校教导团工作。曾参加平定广州商团叛乱和讨伐军阀陈炯明的两次东征。1926 年参加北伐战争，先后任国民革命军第 4 军营长、第 20 军团长。1927 年 8 月参加南昌起义。后任起义部队第 11 军 24 师参谋长。同年 12 月参加广州起义，任广州市公安局局长。后到上海，在中共中央军事部工作。

1928 年起，蔡申熙任中共江西省委军委书记、吉安东固地区游击队第 1 路总指挥。曾率部攻克峡江县城，配合湘赣边区的革命武装斗争。1930 年年初任中共中央长江局军委书记，不久被派赴鄂东南阳新、大冶和蕲（春）黄（梅）广（济）地区领导游击斗争。同年 10 月参与组建中国工农红军第 15 军，任军长，率部东进皖西，攻克太湖县城。于 12 月到达鄂豫皖苏区，参加第一次反“围剿”。

1931 年 1 月，第 15 军与第 1 军合编为第 4 军后，蔡申熙任第 10 师师长、中共鄂豫皖特委委员兼军委副主席，率部参加磨角楼、新集、双桥镇等战斗。他指挥机智、作战勇敢、身先士卒，在一次战斗中负伤致残。同年 5 月，鄂豫皖中央分局成立，他为分局委员，并任彭杨军事政治学校校长。他言传身教，贯彻教育训练与实战要求相结合的教育方针，主持办学 4 期，为鄂豫皖苏区培养大批军政干部。1932 年 7 月，正值国民党军对鄂豫皖苏区发动第四次“围剿”时，蔡申熙被调任第 25 军军长，率部在英山、麻埠地区与各路进犯敌军展开激战，予敌以重大杀伤。10 月 9 日，在湖北黄安（今红安）河口镇战斗中，他腹部中弹，躺在担架上坚持指挥战斗，直至壮烈牺牲，年仅 26 岁。

徐向前曾这样评价他：“蔡申熙同志是红十五军的主要创始人之一，对鄂豫皖红军的建设和发展做出了重大贡献。他不仅具有战略家的胆识和气度，而且在历次战役战斗中机智果断、勇猛顽强，因而在红四方面军中有很高的威望。”

韦拔群
不怕难，不怕死，为人民利益牺牲一切

韦拔群，1894 年生，广西东兰人。早年就读于广西法政学堂。1916 年年初在贵州加入讨伐袁世凯的护国军。1921 年 9 月，韦拔群返回家乡东兰县，从事农民革命运动。1926 年领导成立东兰县革命委员会，任主任，同年冬加入中国共产党。1929 年 12 月，韦拔群参与领导百色起义。1932 年 10 月 19 日凌晨，韦拔群被叛徒杀害于广西东兰赏茶洞，时年 38 岁。

英烈语录

革命者要不怕难、不怕死，坚决为人民的利益牺牲自己的一切。

——韦拔群

8月的广西骄阳似火，坐落于广西东兰县主城区烈士陵园内的韦拔群纪念馆每天仍会迎来不少前来瞻仰、参观的群众。“韦拔群烈士是我们永远的骄傲，他的英雄事迹永远激励着我们。”东兰县壮乡英雄文化园管理处主任黄高线说。

韦拔群，1894年生，广西东兰人。早年就读于广西法政学堂。1916年年初在贵州加入讨伐袁世凯的护国军，参加了护国战争。后进入贵州讲武堂学习，毕业后在黔军张毅部任参谋。

在五四运动的影响下，1920年，韦拔群离开黔军，在广州参加“改造广西同志会”，并担任该会政治组副组长，积极投入讨伐旧桂系军阀陆荣廷的革命活动。

1921年9月，韦拔群返回家乡东兰县，从事农民革命运动。先后组织“改造东兰同志会”（后称农民自治会）和“国民自卫军”（后称农民自卫军），把农民运动和武装斗争逐渐结合起来。1923年夏指挥农民军三打东兰县城，揭开了右江农民武装斗争的序幕。1925年年初入广州农民运动讲习所学习。结业后回东兰继续从事农民运动，主办农讲所，培养骨干，发展农会和农民武装，把农运推向右江地区。1926年领导成立东兰县革命委员会，任主任，同年冬加入中国共产党。1927年大革命失败后，仍在当地坚持武装斗争。

1929年12月，韦拔群参与领导百色起义，建立右江苏区，任右江苏维埃政府委员、中国工农红军第7军第3纵队司令员。1930年10月，红7军集中在广西河池整编，把原来的3个纵队改编为3个师，韦拔群任第21师师长，率部留守右江苏区。他坚决服从党的决定，并把第21师1000多名精壮官兵补充到即将远征的两个主力师，表现出以全局利益为重的崇高品质。

红 7 军主力离开右江苏区后，韦拔群带领百余人留在右江地区。他发动群众，组织扩建部队，在极其艰苦的条件下坚持游击斗争。他一家 20 人，有 10 多人包括他的儿子韦述宗惨遭敌人杀害。但这些都没有动摇他的革命意志，他坚定地说："革命者要不怕难、不怕死，坚决为人民的利益牺牲自己的一切。" 1932 年 10 月 19 日凌晨，韦拔群被叛徒杀害于广西东兰赏茶洞，时年 38 岁。

"韦拔群身上始终具有一种坚定的救亡图存的历史自觉。" 东兰县党史办主任韦忠朝说，"韦拔群的事迹更是激励着我们共产党人为了人民利益而奋斗不止。"

自开展精准扶贫工作以来，东兰县贫困地区面貌有了明显改善，2017 年当地农民人均纯收入约为 6590 元，比 2016 年增长 8.5%。面对家乡日新月异的变化，韦拔群家族的后人韦述斌说："尽管生活越来越好，但革命意志不能丢，我们还要继续保持艰苦奋斗的精神。"

陈理真
用生命捍卫党的事业

陈理真，又名陈履真、陈力真，1907年生，安徽萧县人。1928年加入中国共产党。1932年10月，他被叛徒出卖在徐州被捕，后被押解到南京国民党宪兵司令部监狱。1932年11月，陈理真血洒雨花台，牺牲时年仅25岁。

英烈语录

一个真正的共产党员的心，叛徒是永远理解不了的，我决不会当叛徒。

——陈理真

安徽萧县庄里乡庄里村是一个山清水秀的小村落，这里就是革命烈士陈理真的故乡。86 年前，年仅 25 岁的他牺牲在南京雨花台。

陈理真，又名陈履真、陈力真，1907 年生，安徽萧县人。7 岁入私塾读书，后考入徐州的江苏省立第七师范学校学习。他积极参加爱国学生运动，逐步接受革命思想。毕业后在萧县任教。1928 年加入中国共产党，担任中共萧县县委青年部长。1929 年春到上海，先后在上海华南大学、大陆大学学习。同年 8 月参加中共中央党训班学习。期间和秦雅芬相恋结为革命夫妻。9 月学习结束后，和秦雅芬一起调往徐州，参加恢复徐海蚌特委的工作。

1930 年 3 月，中共徐海蚌特委重建，陈理真任特委宣传部长，7 月任中共徐海蚌职工运动委员会书记，并兼任铁路工作委员会书记，在严重的白色恐怖下坚持开展党的地下斗争，积极推动当地工人运动、农民运动的发展。1931 年 4 月，陈理真调任中共长淮特委（蚌埠特委）书记、江苏省委特派员。同年 6 月，调任中共上海沪东区委书记，之后又在上海反帝总同盟罢工委员会工作。1932 年上海一・二八抗战爆发后，陈理真积极领导沪东区工人和市民支援十九路军的抗战，组织运输队、援护队和反日救国会，推动反对日军占领上海的斗争。

1932 年 5 月，陈理真调中共江苏省委组织部工作。10 月，党组织决定派陈履真、秦雅芬到苏联学习。临出发前的一天深夜，被叛徒出卖在徐州被捕，后被押解到南京国民党宪兵司令部监狱。在敌人的监狱里，陈理真受尽各种酷刑，被打得遍体鳞伤，但他坚守自己的信念，抱定即使牺牲自己，也绝不透露党的秘密，绝不出卖革命同志。敌人要求他在自首书上签名即可以换取自由，被他断然拒绝。无计可施的敌人叫来叛徒和亲友做说客，妄图瓦解陈理真的革命意志。面对这些威胁和利诱，陈理真义正词严地痛斥他们："一个真正的共产党员的心，叛徒是永远理解不了的"，"我决不会当叛徒"。恼羞成怒的敌人用死亡威胁他，陈理真用怒视回答了敌人。1932 年 11 月，陈理真血洒雨花台，牺牲时年仅 25 岁。

人民永将铭记英烈。2006 年，陈理真家乡政府和人民为他建起一座纪念碑，用来缅怀他的英雄事迹。这座纪念碑就矗立在距离庄里村不远的萧县皇藏峪国家森林公园南大门。现在，每天都有如织的游人和村民前来瞻仰。

赵博生

我死国生 我死犹荣

赵博生，1897 年出生于河北沧县东慈庄（今属黄骅市）一个农民家庭。1931 年 10 月，中共中央批准赵博生为中国共产党党员。1933 年 1 月 8 日，赵博生率领部队与国民党军展开激战，不幸壮烈牺牲，时年 36 岁。

英烈语录

侧耳倾听，宇宙充满饥饿声。警醒先锋，个人自由全牺牲。我死国生，我死犹荣。身虽死精神长生……

——赵博生

河北省黄骅市慈庄村一座院落，简朴中透着庄重，这就是宁都起义主要领导人赵博生烈士故居。2014 年经重新修缮后，与赵博生烈士纪念馆一同被作为爱国主义教育基地对外开放。故居内陈列着赵博生烈士的部分遗物和生平事迹展览，一幅赵博生烈士戎装照被放置在堂屋北墙的正中央，透过照片上烈士坚毅的眼神，一段烽火硝烟的革命历史徐徐展开。

赵博生，1897 年出生于河北沧县东慈庄（今属黄骅市）一个农民家庭。1917 年毕业于保定陆军军官学校第 6 期，先后在皖系、直系、奉系军队中任职。1924 年冬转入冯玉祥的西北军，任旅参谋长、特种兵旅旅长、军参谋长，参加过国共合作的北伐战争。期间受共产党人刘伯坚等的影响，倾向革命。他曾亲自创作《革命精神之歌》在部队教唱：“侧耳倾听，宇宙充满饥饿声。警醒先锋，个人自由全牺牲。我死国生，我死犹荣。身虽死精神长生……”

1931 年赵博生任国民党军第 26 路军参谋长时，被调至江西“剿共”战争前线。“九一八”事变后，他坚决反对蒋介石“攘外必先安内”的政策。同时，与在第 26 路军中的中共特别支部取得联系，他表示：“我要求加入中国共产党，叫我干什么就干什么，即使赴汤蹈火亦在所不辞！”同年 10 月，中共中央批准赵博生为中国共产党党员。12 月 14 日，在蒋介石准备清除 26 路军中的共产党员的危急时刻，赵博生和季振同、董振堂等率所部 1.7 万多名官兵在宁都起义。起义部队改编为中国工农红军第 5 军团。他先后任红 5 军团 14 军、13 军军长，军团参谋长、副总指挥，率部参加赣州、漳州和南雄水口、建（宁）黎（川）泰（宁）等战役战斗。每战他都亲临前线，部署周密，指挥果断，屡建战功，曾获中华苏维埃共和国临时中央政府授予的一级红旗勋章。

1933 年年初，国民党军集中 4 个师的兵力分两路向江西资溪、金溪、南城苏区进犯，赵博生奉命率领红 5 军团 3 个团据守长源庙一带山脉，配合主力在黄狮渡一带消灭敌人。他指挥部队连续打退数倍于己之敌的疯狂进攻，坚守住了阵地，出色地完成了钳制任务。1 月 8 日与敌人展开激烈的肉搏战，赵博生在与敌人相距只有百余米的地方指挥，不幸壮烈牺牲，时年 36 岁。随后，中华苏维埃共和国中央政府将宁都县改名为博生县，并在瑞金叶坪广场上建立“博生堡”，以志纪念。

“革命先烈们过的日子充满了枪林弹雨、血雨腥风，今天的幸福生活正是他们抛头颅、洒热血换来的，太应该好好珍惜了！我们一定要把烈士的遗迹保护好，把革命的精神传承好，把英雄的家乡建设好！”赵博生烈士族弟、慈庄村党支部副书记赵恩恒说。

王平章
优秀的红军政治工作领导者

王平章，1901 年生，湖北汉川人。1924 年，王平章加入中国社会主义青年团，同年转入中国共产党。1933 年 3 月中旬，红 28 军奉命向鄂东北转移，与那里的红 25 军会合，以集中兵力与敌作战。28 日，部队进至河南商城门坎山（今属安徽金寨）时，与敌一个旅遭遇。激战中，王平章壮烈牺牲，时年 32 岁。

英烈语录

红军三大任务：打倒帝国主义，铲除封建势力，实行土地革命。要建立起工农政权，坚决斗争，革命到底……

——王平章

在湖北省汉川市平章小学门口，竖着一座铜像，一位军人身着戎装，目光坚定地望向前方。他就是曾任红 25 军、红 28 军政治委员的王平章。

王平章，1901 年生，湖北汉川人。1920 年考入武昌省立第一师范学校，开始接触马列主义。后参加陈潭秋创办的进步团体“湖北人民通讯社”，并在党领导的“启明工读学校”和“汉江印刷社”从事印刷革命书刊的工作。

1924 年，王平章加入中国社会主义青年团，同年转入中国共产党。后回家乡创办济人、全人小学和《汉川青年》杂志，宣传革命思想，发动爱国反帝斗争，建立中共基层组织和农民协会。1927 年 3 月被选为湖北省农民协会执行委员。

大革命失败后，王平章参加南昌起义。起义部队南下后，他奉命重返湖北，任中共鄂中特委书记兼汉川、天门、京山、应县四县暴动总指挥，领导恢复发展各级党组织和农民武装，发动鄂中地区秋收暴动。

1929 年 11 月起，王平章任中共鄂豫边特委常委、鄂豫皖特委常委、鄂豫皖中央分局常委、鄂豫皖省苏维埃政府人民委员会委员长、中国工农红军第 25 军政治委员，参加领导鄂豫皖苏区的建设和历次反“围剿”斗争。

1932 年 10 月红四方面军主力转移后，王平章任中共鄂豫皖省委委员兼皖西北特委书记，参与领导重建红 25 军，任政治委员。在国民党军实行重兵“清剿”的严重情况下，领导军民继续坚持鄂豫皖边区的斗争。

1933 年 1 月，王平章参与组建红 28 军，任政治委员。曾和军长廖荣坤指挥双河山等战斗。在艰难困苦的形势下，王平章十分重视发挥政治工作的威力。他和红 25 军秘书长程坦合作写了一首《红军三大任务歌》，在红军和边区群众中广泛传唱。歌中唱道："红军三大任务：打倒帝国主义，铲除封建势力，实行土地革命。要建立起工农政权，坚决斗争，革命到底……"

1933 年 3 月中旬，红 28 军奉命向鄂东北转移，与那里的红 25 军会合，以集中兵力与敌作战。28 日，部队进至河南商城门坎山（今属安徽金寨）时，与敌一个旅遭遇。激战中，王平章壮烈牺牲，时年 32 岁。

为纪念王平章烈士，湖北省人民政府于 1952 年将他创办的汉川"全人小学"改名为"平章小学"，汉川市人民政府于 1996 年在学校内设立王平章纪念馆。2005 年，纪念馆被评为孝感市青少年思想道德教育示范基地，2014 年入选孝感市中共党史教育基地。

汉川市党史办原主任余波说："王平章烈士是一位典型的中国传统知识分子。他心系祖国与人民，积极寻找救国救民的道路，并为此奉献了一生。"

陈原道
坚贞不屈的革命者

陈原道，1902 年出生在安徽巢县青岗乡（今巢湖市栏杆集镇）一个普通农民家庭。1925 年 9 月，陈原道经恽代英介绍加入中国共产党。1933 年 1 月 7 日，由于叛徒的出卖，陈原道被捕，并很快被转押到南京宪兵司令部。4 月 10 日，陈原道在南京雨花台英勇就义，时年 31 岁。

英烈语录

身可杀，而爱国热血不可消；头可断，而救国苦衷不可灭！。

——陈原道

在安徽省巢湖市栏杆集镇，有一座河湾环绕的名为陈泗湾村的小村庄，这就是革命先烈陈原道的家乡，他的故居就位于小村庄的中心位置。

陈原道，1902 年出生在安徽巢县青岗乡（今巢湖市栏杆集镇）一个普通农民家庭，幼年入私塾读书，1916 年入龙华小学。五四运动时，积极参加学生运动，他在作文中写道："身可杀，而爱国热血不可消；头可断，而救国苦衷不可灭！"

1921 年夏，陈原道考入芜湖安徽省立第二甲种农业学校。受恽代英、萧楚女等进步人士影响，参加"芜湖马克思主义研究会"活动，积极参与创办工人夜校，发动和组织芜湖工人大罢工。1924 年春，他加入中国社会主义青年团，担任团芜湖地委主要负责人。1925 年上海"五卅"惨案发生后，组织成立"芜湖各界'五卅'惨案后援会"。同年 9 月，经恽代英介绍加入中国共产党。10 月，被党组织选送到苏联莫斯科中山大学学习。

1929 年 3 月，陈原道回国到上海，任中共江苏省委宣传部秘书长。在省委宣传部长任弼时的直接领导下，经常深入社会开展党的宣传工作，成为任弼时的得力助手。1930 年 2 月，在中共河南省委连续遭到严重破坏的形势下，他受命于危难之际，担负起河南省委组织部长兼秘书长的重担。

1931 年，陈原道赴天津任中共河北临时省委组织部长，实际上主持省委工作。同年 4 月 8 日，陈原道夫妇在开展革命活动时不幸被捕，被关押在"北平军人反省分院"即"草岚子监狱"。在狱中，他和薄一波等同志一道建立党组织，与敌人进行了英勇不屈的斗争，建立了狱中秘密党支部，被选为狱中秘密党支部第一任书记，为团结和保存党的力量，纯洁党的组织做出了很大的贡献。

1932 年 9 月，陈原道经党组织营救出狱。同年 11 月，任江苏省委常委兼上海革命工会党团书记，组织和领导工人运动。

1933 年 1 月 7 日，由于叛徒的出卖，陈原道再次被捕，并很快被转押到南京宪兵司令部。面对敌人的酷刑和利诱，他横眉冷对，坚贞不屈，始终保持了共产党人的崇高气节。4 月 10 日，陈原道在南京雨花台英勇就义，时年 31 岁。

1934 年 1 月，毛泽东在中华苏维埃第二次代表大会上，特别提到恽代英、陈原道等十八位烈士，向这些同志表示哀悼和敬仰。

陈原道故居经过修缮，于 2015 年 2 月揭牌开放。2017 年被命名为“合肥市第五届爱国主义教育基地”，成为当地的爱国主义教育基地和廉政教育基地，每年都有干部群众来这里参观瞻仰，凭吊革命先烈，接受革命教育。

陈浅伦
陕南人民英勇不屈的化身

陈浅伦，1906 年生于陕西省西乡县。1928 年冬加入中国共产党。1933 年 2 月，领导组建中国工农红军第 29 军，任军长。1933 年 4 月 1 日，红 29 军军部在马儿岩遭敌包围，陈浅伦指挥部队奋勇突围，因寡不敌众不幸被捕。面对敌人的严刑折磨，大义凛然。6 日，陈浅伦在磨子坪英勇就义。牺牲时，年仅 27 岁。

“大伯是为了贫苦百姓而参加革命，为此牺牲，精神可贵。我从小就听长辈讲大伯的英雄事迹，我也一直给我的孩子们讲大伯的故事，他的精神一直感染着我们，是我们的骄傲。”陈浅伦的堂侄陈秉才深情地说。

陈浅伦，1906 年生于陕西省西乡县。1925 年春考入汉中省立第五师范学校。1927 年春参加中共组织创办的西安中山学院农民运动班学习。11 月回西乡县进行反帝反封建的革命活动。

1928 年 9 月，陈浅伦来到上海，先后在持志大学和江湾劳动大学学习，同年冬加入中国共产党。1930 年在上海参加工人运动和学生运动，曾被捕入狱，在狱中坚贞不屈，严守党的秘密，后经组织营救出狱。

1931 年 6 月，陈浅伦回到陕西，任共青团西安市委书记兼宣传部部长，以《西北文化日报》记者和私立乐育中学教员的身份为掩护。在此期间，他先后办了两期讲习训练班，为党培养干部。11 月任中共陕南特委书记。他来到汉中，以《新秦日报》记者和共立中学训育主任的身份在教育界开展工作，组织建立了“左翼教职员联盟”，创办了《孤灯》杂志，从事抗日救亡的宣传组织工作。

1932 年 5 月，陈浅伦等人在陕南学界发动“红五月斗争”，组织汉中地区学生游行，再次被捕。他在狱中团结难友，进行斗争，写下《给妈妈（指特委）的十二封信》，揭露反动派的残酷暴行。3 个月后，经党组织营救出狱。出狱后，在西乡马儿岩一带组织武装斗争。

1932 年 10 月，陈浅伦领导鸡公田武装起义，建立了川陕边游击队。1933 年 2 月，领导组建中国工农红军第 29 军，任军长，李艮任政治委员。

红 29 军成立后，陈浅伦和李艮为部队建设呕心沥血，处处吃苦在先，享受在后，以身作则，与战士们生死与共、同甘共苦，从而使部队的军政素质有显著提高。在他的指挥下，红 29 军以劣等装备和少数兵力，同敌人进行大小战斗 20 余次，以机动灵活的游击战术，创造了以弱胜强的范例，使马儿岩为中心的游击根据地，迅速扩大到 400 平方公里，牵制了国民党军一个师的兵力，对红四方面军在川北的顺利发展起到了重要的配合作用。

1933 年 4 月 1 日，红 29 军军部在马儿岩遭敌包围，陈浅伦指挥部队奋勇突围，因寡不敌众不幸被捕。面对敌人的严刑折磨，大义凛然。6 日，陈浅伦在磨子坪英勇就义。牺牲时，年仅 27 岁。

1985 年，陈浅伦故居被西乡县人民政府列为县级重点文物保护单位。2017 年 12 月，被汉中市人民政府确定为市级文物保护单位。每年清明、烈士纪念日都会有大批学生和干部群众前来纪念。

李艮

陕南红29军创始人

李艮，1908年出生于陕西省长安县（今西安市长安区）姜仁村一个贫苦农民家庭。1926年加入中国共产主义青年团，同年11月转入中国共产党。1933年4月1日，因叛徒出卖，红29军军部在马儿岩遭敌军包围，李艮、陈浅伦指挥大家奋勇突围，因寡不敌众不幸被捕。6日，李艮在磨子坪英勇就义，牺牲时年仅25岁。

“李艮同志一投身革命就把自己交给了无产阶级的伟大事业，将自己的生死与劳苦大众的解放联系起来。他牺牲时仅 25 岁，是我们为之骄傲的长安儿女、民族英雄。”中共西安市长安区委组织部研究室主任田昕说。

李艮，1908 年出生于陕西省长安县（今西安市长安区）姜仁村一个贫苦农民家庭。1920 年考入长安县府君庙小学。1926 年春考入西安省立第三中学，不久加入中国共产主义青年团。同年 11 月转入中国共产党。

1926 年年底，李艮担任中共长安县五楼区委书记，领导开展农民运动，成立农民协会建立农民武装。

大革命失败后，李艮任中共长安县委组织部部长，领导了三桥农民暴动。1928 年 1 月，中共陕西省委决定成立以长安为中心的暴动区，李艮任暴动总指挥。同年 10 月，他被捕入狱，在狱中坚持斗争，面对敌人的威逼利诱始终未曾屈服。1930 年 11 月成功越狱，被派往杨虎城部从事兵运工作。后任中共渭南县委书记，领导恢复和整顿中共在陕东的地方组织。1931 年 8 月，任中共陕西省委委员兼西安市委书记。

1932 年，李艮任中共陕西省委常委，主管组织工作。不久，任红军陕甘游击队政治委员。同年 9 月，李艮在陇东邓宝珊部策动蒿店兵变，成立中国工农红军陕甘游击队第七队，担任政治委员。

1933 年年初，李艮以省委委员的身份，前往陕南参与领导和组建红 29 军的工作。同年 2 月，中国工农红军第 29 军在西乡县正式成立，李艮任军政委，指挥中心设在马儿岩。

为将红 29 军建设成为一支人民的军队，李艮和军长陈浅伦整顿队伍纪律，加强军政训练，制定了“不拿群众一针一线”“公平买卖”“住民房要大扫除，讲究卫生”等 6 条纪律。以身作则发扬民主作风。

在半年多的时间里，李艮冲锋在前，与战士们同甘共苦，历经大小战役 23 次，打退了敌人多次进攻。在李艮和陈浅伦的带领下，红 29 军灵活运用游击战术，多次以弱胜强，不仅开辟了纵横面积达 250 平方公里的根据地，还扩大了400多平方公里的游击区，建立了马儿岩工农民主政府，还建立了赤卫队、儿童团等组织，并在根据地内广泛实行土改。红29军成功牵制了国民党军的兵力，对红四方面军在川北的顺利发展起到了重要的配合作用。

1933年4月1日，因叛徒出卖，红29军军部在马儿岩遭敌军包围，李艮、陈浅伦指挥大家奋勇突围，因寡不敌众不幸被捕。6日，李艮在磨子坪英勇就义，牺牲时年仅25岁。

段德昌
常胜将军勇无敌

段德昌，1904 年 8 月出生于湖南南洲（今南县）九都山九屋厂。1925 年 6 月，他加入中国共产主义青年团，9 月转入中国共产党。1933 年 5 月，段德昌壮烈牺牲，年仅 29 岁。

英烈语录

大马刀，红缨枪，我到红军把兵当，革命纪律要遵守，共产党教导记心头；行动听指挥，团结又友爱，官兵同甘苦，平等来互助，吃苦抢在前，享受在后头；大马刀，红缨枪，我到红军把兵当，革命纪律要遵守，共产党教导记心头；爱护老百姓，处处受欢迎，遇事问群众，买卖讲公平，一针和一线，不差半毫分。

——段德昌《红军纪律歌》

在洞庭湖腹地的湖南省南县，绿树成荫，荷花飘香，段德昌生平业绩陈列馆就坐落于县城西头的德昌公园博物馆内。

段德昌，1904 年 8 月出生于湖南南洲（今南县）九都山九屋厂。1922 年入长沙雅各中学读书，参与组织马克思主义学习小组，进行爱国学生运动。1924 年和何长工一起在华容创办新华中学，传播进步思想。1925 年五卅惨案发生后，他和进步青年发起组织“青沪惨案南县雪耻会”，经常到县城沿河码头和交通要道，查禁洋货，严惩奸商。6 月加入中国共产主义青年团，9 月转入中国共产党。后到广州，先后入黄埔军校第四期和中央政治讲习班学习。1926 年 6 月毕业后，到国民革命军第 8 军第 1 师政治部工作，参加北伐战争。

1927 年大革命失败后，段德昌在南县、华容、石首、公安等地进行革命活动。曾任中共公安县委书记，领导该县年关暴动。曾介绍国民党军湖南独立第 5 师 1 团团长彭德怀加入中国共产党。

1928 年 6 月起段德昌任中共鄂西特委委员、鄂西游击大队中队长、游击总队参谋长、独立师师长，率部在监利、沔阳交界地区创建游击根据地。1930 年 2 月后，任中国工农红军第 6 军副军长兼第 1 纵队司令，第 2 军团第 6 军政治委员、军长，湘鄂西苏维埃联县政府赤色警卫队总队长，参与创建及巩固以洪湖为中心的湘鄂西苏区。

1931 年 4 月段德昌任红 3 军（红 2 军团改编）第 9 师师长，指挥部队连战连捷，取得三官殿、沙岗、普济观、郝穴、汪家桥、龙王集、文家墩、新沟嘴等战斗的胜利。被湘鄂西苏区军民誉为“常胜将军”。

是年秋，在国民党军大规模“围剿”下，红 3 军被迫离开洪湖苏区。他率 9 师担负阻击、断后等艰巨任务，转战 3500 余公里，于 12 月下旬到达湘鄂边。

1933 年 5 月，段德昌壮烈牺牲，年仅 29 岁。

中华人民共和国成立后，毛泽东主席为其亲属签发了中央人民政府第一号《革命牺牲军人家属光荣纪念证》。

如今，段德昌生平业绩陈列馆占地 800 多平方米，主体建筑 1500 多平方米。陈列馆由“立志救国的南洲少年”“投身革命的青年才俊”“洪湖苏区的杰出将领”“能征善战的常胜将军”“英名永存的时代楷模”等部分组成，运用声、光、电等现代科技手段，采用图文说明、实物陈列、影视播放、雕塑场景展示等表现形式，集中展示了段德昌浴血奋战、顽强斗争的一生。每逢重要节日，当地各界人士、社会团体等自发齐集公园，向段德昌铜像和纪念碑鞠躬献花，缅怀先烈。

贺英
利剑能挡百万师

贺英，女，1886年出生，湖南省桑植县人，是贺龙的大姐。1906年，贺英和丈夫组建起一支反抗反动恶势力的地方武装，为民申冤。1922年，丈夫被杀害后，她接过丈夫手中的枪，率领地方群众武装，杀豪绅、打土匪、救穷人，开始更加顽强的斗争。1926年夏，她联合地方武装，支持贺龙部队参加国民革命军的北伐，受到广大群众的拥护。1932年反“围剿”战斗中，国民党军和地方武装四面包围根据地，贺英率部苦苦坚持。1933年5月5日深夜，因叛徒告密，游击队驻地被敌军重兵包围，贺英率部英勇作战，掩护同志们突围，不幸多处负伤，壮烈牺牲。

英烈挽歌

贺英倾尽家产支持革命，她有一碗米、一尺布也要交给红军，洒尽最后一滴鲜血也是为了保卫苏区。

——桑植县党史研究工作者　向佐柏

在湖南省张家界市桑植县洪家关白族乡贺龙故居对面，是桑植烈士陵园，这里倚山傍水，鸟瞰全城。整个烈士陵园的主体建筑有烈士纪念碑、烈士纪念展览馆、烈士墓区、陵园广场、无名烈士墓等。在烈士墓区，贺英的衣冠冢安置于此。清明时节，当地学生、干部、群众都会自发前往祭拜，凭吊这位英勇的女游击队长，对她表示怀念和敬仰。

“贺家满门忠烈，桑植人民永远不会忘记他们！”桑植县委党史研究室主任谷志锦说。

贺英，女，1886年出生，湖南省桑植县人，是贺龙的大姐。1906年，贺英和丈夫组建起一支反抗反动恶势力的地方武装，为民申冤。1922年，丈夫被杀害后，她接过丈夫手中的枪，率领地方群众武装，杀豪绅、打土匪、救穷人，开始更加顽强的斗争。1926年夏，她联合地方武装，支持贺龙部队参加国民革命军的北伐，受到广大群众的拥护。

大革命失败后，她来到武汉贺龙部队，接触了周逸群等共产党员。她叮嘱贺龙，要警惕蒋介石、汪精卫这些人。她回到桑植不久，长沙发生马日事变，国民党反动派到处追捕、屠杀共产党员和革命群众。8月，南昌起义爆发后，敌人对南昌起义总指挥贺龙的老家洪家关进行“围剿”，杀人烧屋，无恶不作。在敌人重兵“围剿”中，贺英指挥她的地方武装坚持斗争。中共湘西特委建立后，派人到湘西北地区发展党的组织，组织年关起义，建立了有贺英等部参加的600余人的农民武装，于1927年12月14日发动起义，攻占桑植县城，后因国民党军反扑，起义武装撤离县城，转入农村分散活动。

1928年春，贺龙、周逸群等受中共中央指派回到湘鄂西开展武装斗争，开辟革命根据地。贺英得信后，将自己掌握的近千人的群众武装交给贺龙、周逸群等，自己也参加了工农革命军和桑植起义，为建立湘鄂西革命根据地做出重要贡献。

同年 7 月，贺龙率领工农革命军前往石门、澧县、松滋一带打游击，桑植只留下游击队坚持斗争。主力部队一走，地方还乡团、土豪劣绅纷纷反攻倒算，疯狂屠杀共产党员和工农革命军家属。贺英率部活动在山高林密、地势险要的桑植、鹤峰一带，联系地方武装，坚持游击战，配合贺龙率领的主力部队转战湘西。

同年 10 月，工农革命军在石门受挫，贺锦斋等重要骨干战死沙场，贺龙率部退到桑鹤边界休整，处境十分艰难。由于粮弹缺乏，部队处境十分困难，许多战士身体水肿，伤病员缺医少药。贺英在战斗中几次负伤，但她得知工农革命军被困深山的消息后，亲自带领游击队打土豪、筹粮款，千方百计把缴获的银元、布匹、棉花、腊肉、粮食等物资，用骡马和人力运往深山，送给工农革命军，支援主力部队，使工农革命军得到补充，熬过难关。贺龙多次说，1928 年那次石门失败转到鹤峰大山里的时候，若没有我大姐的支援，后果不堪设想！

1929 年 10 月，红军在庄耳坪战斗失利，她率游击队去战地做善后工作。1930 年春，贺龙率红军主力东下洪湖，她率游击队留在湘鄂边根据地，配合红军主力，坚持游击战争。1932 年反“围剿”战斗中，国民党军和地方武装四面包围根据地，贺英率部苦苦坚持。1933 年 5 月 5 日深夜，因叛徒告密，游击队驻地被敌军重兵包围，贺英率部英勇作战，掩护同志们突围，不幸多处负伤，壮烈牺牲。

“贺英是贺龙闹革命的坚强后盾，他们二人姐弟情深，她是第一个把部队交给贺龙、交给党的人。贺英倾尽家产支持革命，她有一碗米、一尺布也要交给红军，洒尽最后一滴鲜血也是为了保卫苏区。她是红色根据地的捍卫者，贺龙在外闹革命，她在内守护根据地，保卫红色政权，在湘鄂西地区声望很高。利剑能挡百万师，她在巩固、保卫根据地方面起了主导作用。”桑植县党史研究工作者向佐柏说。

毛福轩
坚定的农民革命者

毛福轩，1897 年 4 月出生于湖南省湘潭县韶山冲龙坝湾一个贫苦农民家庭，是毛泽东的族祖父，他早年跟随毛泽东走上革命道路。1922 年，毛福轩进入湖南自修大学半工半读，之后和毛泽民一起受党组织派遣到安源煤矿从事工人运动，同年底在安源加入中国共产党。1928 年春，毛福轩被调往上海，从事党的地下出版工作。1933 年年初，上海党组织遭到严重破坏。2 月 27 日，由于叛徒出卖，毛福轩被国民党特务秘密逮捕。1933 年 5 月，毛福轩在南京雨花台英勇就义，时年 36 岁。

英烈语录

余为革命奋斗牺牲，对于己身毫不挂虑。

——毛福轩

在湖南省湘潭市韶山烈士陵园内有一座五杰亭，亭内的黑色大理石上刻着毛福轩等革命烈士的头像和简述生平的文字，每天都会迎来不少前来瞻仰的群众。

毛福轩，1897 年 4 月出生于湖南省湘潭县韶山冲龙坝湾一个贫苦农民家庭，是毛泽东的族祖父，他早年跟随毛泽东走上革命道路。1922 年，毛福轩进入湖南自修大学半工半读，之后和毛泽民一起受党组织派遣到安源煤矿从事工人运动，同年底在安源加入中国共产党。

1925 年年初，毛福轩与毛泽东先后回到韶山从事农民运动。1925 年 6 月，在毛泽东主持下，湖南农村第一个党支部韶山党支部成立，毛福轩任韶山党支部书记。

此后，因领导农民运动有建树，毛福轩先后担任中共湖南区委特派员和农运特派员、湖南省委委员，担负起农民运动的领导责任。在反动统治的白色恐怖中，毛福轩过着“青草为席，石洞而眠”的艰苦生活，坚持党的地下斗争。

1927 年年初，毛泽东回到湖南考察农民运动，毛福轩自始至终陪同和协助毛泽东到银田寺、清溪寺、毛震公祠及湘乡等地考察农民运动。正是这次考察，毛泽东写出了著名的《湖南农民运动考察报告》。

1928 年春，毛福轩被调往上海，从事党的地下出版工作。一年后，他受党组织派遣，化名毛恩灏，打入国民党政府江苏省金山县警察局。毛福轩以一个共产党员的忠诚勇敢和机智灵活，在反动统治的白色恐怖中，多方为党搜集重要情报，设法救护革命同志，在国民党警察局坚持秘密工作长达 4 年之久。

1933 年年初，上海党组织遭到严重破坏。2 月 27 日，由于叛徒出卖，毛福轩被国民党特务秘密逮捕。他被敌人作为“要犯”，先关押在上海监狱，后押解至南京。敌人对他进行严刑逼供，他始终坚贞不屈。他在遗书中写道：“余为革命奋斗牺牲，对于己身毫不挂虑。”1933 年 5 月，毛福轩在南京雨花台英勇就义，时年 36 岁。

毛泽东后来称赞毛福轩为农民革命家，并赞叹他的精神：“一个农民出身的同志，学习和工作那样努力，一直到担任党的省委委员的工作，是很不容易的。”曾在上海党中央担任领导工作的周恩来赞扬毛福轩是一个优秀的共产党员。

湘潭市地方史志研究学者何歌劲说：“毛福轩同志是勇敢的农民运动领导人，他对党和革命事业忠诚，他是人民的坚强战士，也是家乡群众的榜样和楷模。”

旷继勋 一腔热血写忠诚

旷继勋，原名大勋，号集成，出生于贵州省铜仁市思南县，1926 年年底加入中国共产党。1932 年 9 月，旷继勋调任红四方面军第 12 师师长，12 月，任红 10 师代理师长。后调红四方面军总部工作，率部参加了开辟川陕苏区和反三路围攻等战役。后任川陕省临时革命委员会主席、通江县军事指挥长等职，领导和主持川陕省的各项工作。1933 年，张国焘诬陷旷继勋与反动军阀秘密勾结，以“国民党改组派”“右派”的罪名逮捕旷继勋，并于 6 月将旷继勋秘密杀害于四川通江县洪口场。

位于贵州省铜仁市思南县安化街的旷继勋烈士故居，来自全国各地的参观者络绎不绝，在这里接受红色文化的洗礼。

旷继勋，原名大勋，号集成，出生于思南县大河坝区桂花乡庙塘湾，兄弟姊妹共 7 个，旷继勋排行老三。1914 年，旷继勋与邵家桥邓家二女儿邓白玉结为夫妻。

旷继勋早年随友人入川参加反对清政府的保路同志军，投身民主革命。他机智勇敢、武艺高强，连立战功，由“下等兵”提升为排长、连长、营长。受五四运动后反帝爱国思潮的影响，旷继勋革命思想开始萌芽。1925 年，旷部编入邓锡侯的江防军，旷继勋任第 7 混成旅第 2 团团长。

1925 年冬，旷继勋和王文鼎发起成立“中国青年军人联合会四川分会”，并派人赴广东与中共党组织接头，得到党的支持。1926 年年底由秦青川、王文鼎介绍，加入中国共产党。1928 年冬任第 7 混成旅代旅长。

1929 年 6 月，旷继勋带领全旅在蓬溪起义，竖起“中国工农红军四川第一路军”的大旗，并建立起四川第一个红色政权——蓬溪县苏维埃政府。起义失败后，当年秋，旷继勋被党组织安排到中央军委特科，在上海参加清除叛徒的工作。后赴湖北做兵运工作，带领被争取过来的国民党军 3 个连到洪湖地区加入中国工农红军。1930 年春任红六军军长，参与开辟洪湖苏区。此后，旷继勋调赴鄂豫皖苏区，任红四军军长。这一时期，是旷继勋军事生涯的一个辉煌时期，他率领红军创造了许多成功战例。

1931 年 1 月，旷继勋在鄂豫皖苏区指挥了第一场战斗——“磨角楼战斗”。战斗中，他带领部队顽强冲杀，经三天苦战，终于攻下磨角楼，歼敌 500 余人，缴枪 1000 余支，拔掉了鄂东北苏区与皖西苏区之间的一颗“钉子”。2 月，旷继勋指挥部队攻打战略要地新集，运用坑道爆破的方法把城墙炸开，一举攻占新集。从此，鄂豫皖根据地连成一片。3 月，旷继勋率领红四军打响“双桥镇战斗”，仅用 7 个小时歼灭敌人 1 个师，取得空前大捷。旷继勋等指挥红四军主力，在全区军民的大力支援下，粉碎了敌人的第二次“围剿”。

1931 年 4 月，旷继勋任鄂豫皖中央分局军事委员会副主席，后调任红 13 师师长。10 月，在皖西组建红二十五军，任军长。11 月，红四方面军成立，下辖第四军、第二十五军，旷继勋继续担任红二十五军军长。率部参加商潢、苏家埠等战役，为粉碎敌人第三次“围剿”，进一步扩大根据地做出了贡献。

1932 年 9 月，旷继勋调任红四方面军第 12 师师长，12 月，任红 10 师代理师长。后调红四方面军总部工作，率部参加了开辟川陕苏区和反三路围攻等战役。后任川陕省临时革命委员会主席、通江县军事指挥长等职，领导和主持川陕省的各项工作。

他反对张国焘错误的军事指导方针，严厉批评张国焘的家长制作风等问题，张国焘心生恨意，伺机报复。1933 年，张国焘诬陷旷继勋与反动军阀秘密勾结，以“国民党改组派”、“右派”的罪名逮捕旷继勋，并于 6 月将旷继勋秘密杀害于四川通江县洪口场。

旷继勋烈士故居解说员苏达莉说，作为旷继勋的家乡人，每次为参观者讲解他的革命事迹都倍感自豪。一代红军“虎将”虽英年早逝，但他理想信念的火种播撒在家乡的土地上，至今仍广为流传、生生不息。

李子纯

为大多数人谋幸福

李子纯，1900 年 4 月出生于河南省西华县杨树李村，先后就读于西华师范学校和开封东岳高中。1926 年春，李子纯接受党组织委派，返回西华，创办西华师范青年讲习所和妇女训练班。1927 年 3~6 月，李子纯受党组织派遣到武昌中央农民运动讲习所学习，在学习期间加入中国共产党。1933 年夏，由于叛徒出卖，李子纯身份暴露，不幸被捕。被捕 4 天后，在湖北黄陂县（现武汉黄陂区）宋埠南门外的河滩上，李子纯高呼着“中国共产党万岁”的口号，英勇就义，年仅 33 岁。

英烈语录

我是为大多数人谋幸福的，为全人类谋生存的。要口供没有，要命有一条！

——李子纯

在河南省西华县烈士陵园，一座刻有“李子纯烈士永垂不朽”的石碑静静矗立，时光流转，石碑背面记述烈士事迹的文字已斑驳不清，不觉间，英雄已经故去85年。

李子纯，1900年4月出生于河南省西华县杨树李村，先后就读于西华师范学校和开封东岳高中。他聪颖好学，擅长演讲，热爱阅读历代名著。中华民族勤劳勇敢、精忠爱国、不屈不挠的精神影响着求学的李子纯，他逐渐成长为一名爱国进步青年。

1926年春，李子纯接受党组织委派，返回西华，创办西华师范青年讲习所和妇女训练班。他以讲习所所长的身份秘密对青年学生进行共产主义思想教育，在西华播下革命火种。

1927年3~6月，李子纯受党组织派遣到武昌中央农民运动讲习所学习。在讲习所里，毛泽东、恽代英、彭湃、方志敏、夏明翰等系统讲授的《共产党宣言》《农民问题》《湖南农民运动考察报告》等课程，给李子纯极大影响，使他政治上更加成熟，并在学习期间加入中国共产党。

大革命失败后，在严重的白色恐怖中，李子纯按党组织要求回到河南，进行党的秘密工作。他辗转于开封、焦作、西华、周口等地，在工人、农民、学生中发展党员，建立党的组织，积蓄革命力量。期间，李子纯曾打入国民党周口市党部，暗中支持、组织工人和手工业者开展革命活动。

1930年3月，李子纯受中共豫南特委派遣，进入西北军吉鸿昌所部第十一师做军运工作，担任政训处上校秘书。他领导和整顿了部队中党的秘密组织，利用自己的合法身份，帮助吉鸿昌创办进步刊物《铁军》杂志，编写士兵课本，教育和团结中下级官兵，对推动吉鸿昌逐渐倾向联共反蒋起了重要作用。同时，他还为党提供军事情报，组织向苏区运送给养和枪支弹药，帮助伤病被俘的红军指战员。

“一九三一，九一八，怎敢忘却！沈阳城，日本强盗，铁蹄溅血。东北三省颜色变，千万同胞遭浩劫。奈当局，下令不抵抗，空悲嗟！”这是九一八事变后，李子纯填写的“满江红”词的上阕。正在国民党吉鸿昌部做军运工作的李子纯，将这首词谱曲教唱给士兵，激发了士兵抗日反蒋的情绪。

1932 年年初，吉鸿昌从欧美考察回国，秘密策动旧部进行抗日讨蒋起义。此时，李子纯任十一师改编后的三十军军部中校秘书兼八十八旅副旅长，随后任三十军秘书长。得知吉鸿昌要率部起义，李子纯积极策应，在部队发展地下组织，培训起义骨干。不久，由于消息被国民党特务侦知，起义失败。李子纯果断组织部队中的共产党员和进步分子迅速隐蔽疏散，自己则继续坚持秘密工作。

1933 年夏，由于叛徒出卖，李子纯身份暴露，不幸被捕。国民党特务以高官厚禄诱降，用严刑拷打逼问，李子纯均视死如归，表现出崇高的革命气节：“我是为大多数人谋幸福的，为全人类谋生存的。要口供没有，要命有一条！”被捕 4 天后，在湖北黄陂县（现武汉黄陂区）宋埠南门外的河滩上，李子纯高呼着“中国共产党万岁”的口号，英勇就义，年仅 33 岁。

李子纯的孙子李九星现在仍旧居住在杨树李村，他拿出家中珍藏的烈士遗像给笔者看。参加革命时的李子纯身着呢子大衣，目光深沉，英气逼人。65 岁的李九星轻拂照片：“爷爷干革命回到村里，村里人都说这是掉脑袋的事。爷爷说既然干革命，躺在柏木棺和躺在荒山沟一样。”

如今的杨树李村已和周边另外 8 个自然村合并为岳庄村，多数村民已搬入新建的岳庄社区，新居小楼林立、绿树成荫，村里的老人袁改正说：“日子美得很！”

黄励

用生命实现革命诺言

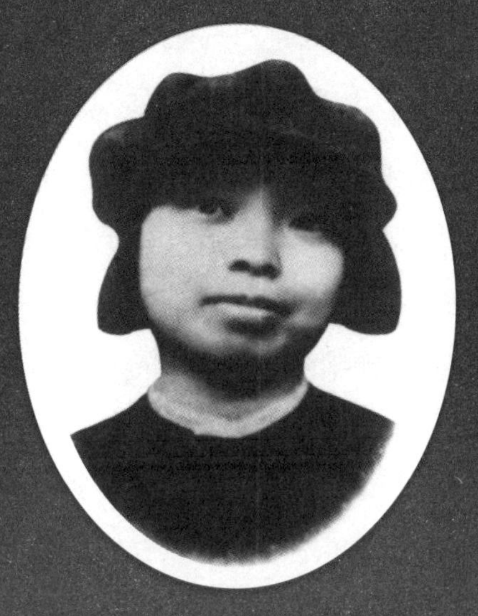

黄励，1905 年 3 月出生于湖南省益阳县一个贫民家庭。1924 年考入武昌中华大学文科，1925 年加入中国共产党，同年 10 月，黄励被党组织选派到苏联莫斯科中山大学学习。1933 年春，党中央决定调黄励到中央苏区工作。临行前因叛徒出卖，于 4 月 25 日在法租界被法国巡捕和国民党军警逮捕。4 月 27 日，黄励被作为“要犯”押解到南京，关押在南京宪兵司令部看守所。1933 年 7 月 5 日凌晨，黄励被国民党反动军警押赴南京雨花台刑场，英勇就义，时年 28 岁。

英烈语录

只要我活着，就一定要为革命而奋斗，直到最后一秒钟！

——黄励

“黄励牺牲时还只有 28 岁，她用自己的鲜血，实现了要把青春献给无产阶级革命事业的誓言。她的精神鼓舞着家乡益阳人民奋勇向前的斗志，为广大青少年和共产党员提供源源不断的精神动力。”说起家乡的英烈黄励，益阳市委党史研究室业务科副科长熊雄充满敬重之情。

黄励，1905 年 3 月出生于湖南省益阳县一个贫民家庭。1924 年考入武昌中华大学文科，1925 年加入中国共产党，同年 10 月，黄励被党组织选派到苏联莫斯科中山大学学习。1927 年毕业后留校在党的建设教研室工作。

1928 年秋，黄励随瞿秋白赴柏林参加世界反帝大同盟代表大会。1929 年年初，黄励随邓中夏去苏联远东城市符拉迪沃斯托克（海参崴）参加第二届泛太平洋劳动大会，会后被留在大会书记处工作，并担任《太平洋工人》月刊中文版编辑。

1931 年 10 月，黄励回到白色恐怖笼罩的上海，党组织安排她担任中华全国济难互济总会主任兼中共党团书记，主要任务是营救被捕的共产党员和革命同志，救济烈士和被捕同志的家属。为营救被捕的同志，黄励想方设法多方寻找可靠的社会关系，联系社会知名人士，聘请有正义感的律师，组织和动员群众请愿，向反动当局进行针锋相对的斗争等，使许多被捕同志获释出狱。

1932 年一·二八淞沪抗战期间，黄励积极参与组织沪西日本纱厂女工罢工和支持十九路军的抗日。1932 年，黄励被调往中共中央组织部工作，同年冬任中共江苏省委组织部部长，在十分险恶的环境中参与领导重建党的组织，坚持地下斗争。

1933 年春，党中央决定调黄励到中央苏区工作。临行前因叛徒出卖，于 4 月 25 日在法租界被法国巡捕和国民党军警逮捕。4 月 27 日，黄励被作为“要犯”押解到南京，关押在南京宪兵司令部看守所。在狱中和国民党反动当局的法庭上，面对敌人的威逼利诱和严刑拷打，黄励大义凛然、坚贞不屈、视死如归，义正词严地痛斥叛徒的丑恶行径，痛斥国民党反动当局对日本侵略者实行妥协退让不抵抗的反动卖国政策、对内残酷镇压人民革命和抗日救亡运动的种种罪行。黄励坚定地表示：“只要我活着，就一定要为革命而奋斗，直到最后一秒钟！”她用生命实现了自己的诺言。

1933 年 7 月 5 日凌晨，黄励被国民党反动军警押赴南京雨花台刑场，英勇就义，时年 28 岁。

邓中夏

中国工人运动的著名领导人

邓中夏，1894 年 10 月生，湖南宜章人。1914 年考入湖南高等师范学校，1917 年考入北京大学中文系，后转入哲学系学习。1919 年参加五四运动，任北京学生联合会总务干事，参与火烧赵家楼的行动。1920 年 3 月，在李大钊领导下，邓中夏、高君宇等人发起组织北京大学马克思学说研究会。同年 10 月，以马克思学说研究会的成员为骨干，发起组织了北京的共产党早期组织，李大钊为书记，邓中夏成为中国共产党最早的党员之一。1933 年 5 月，邓中夏在上海工作时被捕。9 月 21 日，在南京雨花台刑场，邓中夏英勇就义，时年 39 岁。

英烈语录

请告诉大家，就是把邓中夏的骨头烧成灰，邓中夏还是共产党员。

——邓中夏

“五岭逶迤腾细浪，乌蒙磅礴走泥丸。”毛泽东主席诗中“五岭”之一的骑田岭，大部分位于湖南省南端的宜章县，县城北面的五岭镇也因此而得名。在五岭镇，有一个小村庄叫邓家湾，这里就是中国工人运动的著名领导人邓中夏的家乡。

来到邓家湾村，循着一段青石阶向里，就到了邓中夏故居前。这是一栋湘南民居格调的青砖瓦房，故居大门正上方悬挂着“邓中夏故居”牌匾，进入大厅，关于邓中夏生平的图文介绍，很容易就将参观者的思绪拉回到那激情燃烧的革命岁月。

邓中夏，1894 年 10 月生，湖南宜章人。1914 年考入湖南高等师范学校，1917 年考入北京大学中文系，后转入哲学系学习。1919 年参加五四运动，任北京学生联合会总务干事，参与火烧赵家楼的行动。1920 年 3 月，在李大钊领导下，邓中夏、高君宇等人发起组织北京大学马克思学说研究会。同年 10 月，以马克思学说研究会的成员为骨干，发起组织了北京的共产党早期组织，李大钊为书记，邓中夏成为中国共产党最早的党员之一。

从 1920 年 4 月起，邓中夏长期在北京长辛店从事工人运动，主办工人劳动补习学校，建立工会，为北方工人运动培养了大批骨干力量。1922 年 5 月 1 日，他作为长辛店工人的代表，出席在广州召开的第一次全国劳动大会，当选为中国劳动组合书记部主任。同年 7 月，他出席党的二大，参与二大宣言和党的民主革命纲领的制定，被选为中央委员。不久，他又先后当选为中国社会主义青年团中央执行委员会委员、委员长，参与创办《中国青年》杂志。1923 年他受李大钊推荐参加创办国民党和共产党合办的上海大学，任总务长。1925 年中华全国总工会成立后，任秘书长兼宣传部长，留在广州工作，不久参与组织和领导了著名的省港大罢工。

在大革命失败的紧急关头，他坚决主张在南昌举行武装起义，并受中央派遣到九江，与李立三、谭平山、叶挺、聂荣臻等开会，分析形势，提出建议。随后，参加党的八七会议，坚决拥护会议确定的实行土地革命和武装起义的方针，被选为中央临时政治局候补委员。1928 年 3 月赴莫斯科，出席赤色职工国际第四次代表大会，任中华全国总工会驻赤色职工国际代表。

1930 年 7 月，邓中夏从莫斯科回到上海。不久，中央任命他为中央代表赴湘鄂西根据地，任湘鄂西特委书记、红二军团（后改为红三军）政委、前敌委员会书记、中央革命军事委员会委员，与贺龙、周逸群一起领导湘鄂西的武装斗争。1932 年调回上海坚持秘密斗争，任全国赤色互济总会主任兼党团书记。

1933 年 5 月，邓中夏在上海工作时被捕，随即被叛徒供出身份。蒋介石闻讯后亲自过问，并令立即将邓中夏押往南京国民党宪兵司令部监狱。在狱中，他以共产党员的坚定信念和钢铁意志，挺住了敌人金钱厚禄的利诱和严刑拷打的摧残。他对狱中地下党支部负责人说："请告诉大家，就是把邓中夏的骨头烧成灰，邓中夏还是共产党员。"

1933 年 9 月 21 日，在南京雨花台刑场，邓中夏高呼着"打倒国民党反动派"、"中国共产党万岁"、"全世界无产阶级联合起来"口号英勇就义，时年 39 岁。

邓中夏烈士虽然远去，但党和人民没有忘记他。如今，在位于宜章县城的中夏公园里，邓中夏铜像伫立其中，目视远方，而距离铜像十多公里外的邓家湾更是面貌一新，宽敞的公路、干净的巷道，还有闪亮的太阳能路灯……慕名前来瞻仰的游客，不仅为邓中夏的革命事迹所深深感动，也为邓中夏故乡的发展变化交口称赞。

吉鸿昌
恨不抗日死

吉鸿昌，1895 年出生于河南省扶沟县吕潭镇，1913 年入冯玉祥部当兵，因骁勇善战，屡立战功，从士兵递升至军长。1930 年 9 月，吉鸿昌所部被蒋介石改编后，任第 22 路军总指挥兼第 30 师师长，奉命“围剿”鄂豫皖革命根据地，但他不愿替蒋介石打内战，对“围剿”红军态度消极。1931 年 8 月，吉鸿昌被蒋介石解除兵权，强令其出国“考察”。1932 年，吉鸿昌在上海“一·二八”抗战炮声中回到祖国后，随即联络与发动旧部，为抵抗日本侵略奔走呼号，并毁家纾难，变卖家产 6 万元购买枪械，组织武装抗日。1932 年深秋，在北平加入中国共产党。1934 年 11 月 9 日，吉鸿昌在天津法租界被军统特务暗杀受伤，并遭逮捕，11 月 24 日，经蒋介石下令，吉鸿昌被杀害于北平陆军监狱，时年 39 岁。

英烈语录

恨不抗日死，留作今日羞。

国破尚如此，我何惜此头？

——吉鸿昌

走进河南省扶沟县吉鸿昌烈士纪念馆，“民族英雄吉鸿昌”七个大字映入眼帘，这是聂荣臻同志为纪念吉鸿昌写下的题词。已在纪念馆工作 10 年的讲解员张艳娜说：“每天都有群众到纪念馆参观展览，缅怀先烈，吉鸿昌烈士的精神不仅激励着扶沟县人民，他的事迹在中国广为流传。”

“恨不抗日死，留作今日羞。国破尚如此，我何惜此头？”这是共产党员、抗日名将吉鸿昌临刑前写下的气壮山河的就义诗。

吉鸿昌，1895 年出生于河南省扶沟县吕潭镇，因家境贫寒，只间断地念了两年书。1913 年入冯玉祥部当兵，因骁勇善战，屡立战功，从士兵递升至军长。他为人正直，不畏权势，人称“吉大胆”。1930 年 9 月，吉鸿昌所部被蒋介石改编后，任第 22 路军总指挥兼第 30 师师长，奉命“围剿”鄂豫皖革命根据地，但他不愿替蒋介石打内战，对“围剿”红军态度消极。

1931 年 8 月，吉鸿昌被蒋介石解除兵权，强令其出国“考察”。临行前，恰逢“九一八”事变，吉鸿昌发电报向蒋介石请命：“国难当头应一致对外，愿提一师劲旅，北上抗日，粉身碎骨，以纾国难。”未得允许，遂环游欧美，发表抗日演说，寻求国际声援。

1932 年，吉鸿昌在上海“一·二八”抗战炮声中回到祖国后，随即联络与发动旧部，为抵抗日本侵略奔走呼号，并毁家纾难，变卖家产 6 万元购买枪械，组织武装抗日。1932 年深秋，在北平加入中国共产党。

1933 年 5 月，在中共北方组织的领导与帮助下，以冯玉祥为总司令的抗日武装“察哈尔民众抗日同盟军”在张家口建立，吉鸿昌任第 2 军军长、北路军前敌总指挥兼察哈尔警备司令，率部进攻察北日伪军，连克康保、宝昌、沽源、多伦四县，将日军驱出察境。

蒋介石政府奉行“攘外必先安内”的政策，反诬同盟军破坏国策，令何应钦指挥 16 个师与日军夹击同盟军。吉鸿昌率部战斗至 10 月中旬，弹尽粮绝而失败，随后潜往天津继续从事抗日活动。

1934 年，吉鸿昌参与组织中国人民反法西斯大同盟，被推为主任委员，秘密印刷《民族战旗》报，宣传抗日，联络各方，准备重新组织抗日武装。

1934 年 11 月 9 日，吉鸿昌在天津法租界被军统特务暗杀受伤，并遭逮捕，后引渡到北平军分会。敌人使出种种手段，迫害逼供，吉鸿昌大义凛然地说：“我是共产党员，由于党的教育，我摆脱了旧军阀的生活，转到工农劳苦大众的阵营里头来。我能够加入革命的队伍，能够成为共产党的一员，能够为我们党的主义，为人类的解放而奋斗，这正是我毕生的最大光荣。”11 月 24 日，经蒋介石下令，吉鸿昌被杀害于北平陆军监狱，时年 39 岁。

如今在吉鸿昌的家乡吕潭镇吕潭村，他生前建立的学校还存留下几间校舍，新中国成立后曾作为村中小学，在这里就读过的何国治老人回忆起父辈讲述的吉鸿昌的故事时说：“吉鸿昌当军长后回到村里不摆架子，对乡亲们很热情，但说起公事，铁面无私。”

81 岁的唐贵知老人曾专门写过讲述吉鸿昌事迹的剧本，在他看来，吉鸿昌的爱国精神和教育理念最值得称道。他说：“吉鸿昌将军在抗日战场上的英勇表现不仅鼓舞当时国人的抗日热情，这种爱国精神也一直激励着扶沟县人民，他回乡创立的贫民子弟学校，让当地穷人家的孩子第一次上得起学，造福了几代人。”

施滉
『清华最有光荣的儿子』

施滉，字动生，1900 年出生于云南省大理白族自治州洱源县一贫困家庭。1917 年考入清华学校（现清华大学的前身）。1924 年 7 月，施滉赴美国斯坦福大学学习。1927 年 3 月，施滉加入美国共产党，并当选为美共中央中国局首任书记。在美共中央领导下，施滉在华侨和留学生中宣传共产主义和中国革命，建立党的组织。1929 年，施滉受党组织派遣到莫斯科学习。1930 年秋，施滉从苏联回到阔别多年的祖国，先后在中共中央机关、香港海员工会等处工作。1933 年冬，施滉在北平召开会议时，因叛徒出卖而被捕，随即被押解到南京。1934 年年初，施滉被反动派杀害于南京，年仅 34 岁。

英烈语录

敌人用尽种种办法对我威迫利诱，但是只要我们坚定，最后敌人总是没有办法的。

——施滉

“他是清华最有光荣的儿子，他是清华最早的共产党员，他为解放事业贡献了生命，施滉的革命精神永垂不朽！”这是清华大学图书馆门厅墙壁上烈士纪念碑的一段铭文，纪念的是一位清华学子，中国共产党早期的共产主义和国际主义战士，白族人民的优秀儿子——施滉。

施滉，字动生，1900 年出生于云南省大理白族自治州洱源县一贫困家庭。1917 年考入清华学校（现清华大学的前身）。他勤奋刻苦，博览群书，善于思考，喜欢阅读《新青年》等刊物，接受新思想、新文化。他关心国家大事，常常为国家民族的前途命运忧虑。1919 年参加五四爱国运动，参与发起成立了清华学校进步社团——“暑假修业团”。

1920 年该社团改名为“唯真学会”，施滉任会长。1923 年秋，施滉被选为清华学生会会长，后在广州见到了孙中山先生和中国共产党创始人之一的李大钊。李大钊热情地肯定了他们的革命活动，鼓励他们的斗争精神。与李大钊的会见，坚定了施滉为多数人谋幸福的人生观，使他对中国的社会现状及从事革命斗争的复杂性和艰巨性有了更加深刻的认识，对他后来坚定地走上革命道路产生了深远的影响。

1924 年 7 月，施滉赴美国斯坦福大学学习。学习期间，他经常参加美国共产党组织的各种反帝活动，大量阅读马克思列宁主义著作。在美共领导下，施滉等人成立“美洲华侨和中国工农革命大同盟”，筹办《国民日报》（即后来的《华侨日报》）等，团结爱国侨胞，声援国内反帝爱国运动。1927 年 3 月，施滉加入美国共产党，并当选为美共中央中国局首任书记。在美共中央领导下，施滉在华侨和留学生中宣传共产主义和中国革命，建立党的组织。他多次遭到南京国民党政府的通缉，在云南的老家也遭到查抄。面对白色恐怖的威胁，施滉毫不动摇，更加坚定了革命到底的决心。

1928 年 12 月，施滉被美共中央派往古巴、加拿大，在华侨中发展共产党的秘密组织。1929 年，施滉受党组织派遣到莫斯科学习。在搞好工作的同时，他抓紧一切机会，系统地学习马列主义理论，学习组织职工会和开展群众斗争的经验和方法。

1930 年秋，施滉从苏联回到阔别多年的祖国，先后在中共中央机关、香港海员工会等处工作。他还被党派往河北，先后担任中共河北省委委员兼宣传部长、中共河北省委书记。1933 年冬，施滉在北平召开会议时，因叛徒出卖而被捕，随即被押解到南京。在狱中，面对残暴的敌人，他坚贞不屈、视死如归、大义凛然地痛斥反动派的罪恶行径，坚信革命必胜，共产主义一定会实现。1934 年年初，施滉被反动派杀害于南京，年仅 34 岁。

胸怀天下，追求真理，勇于实践，不惧牺牲，施滉以短暂而辉煌的一生，实践了“为共产主义奋斗终身”的誓言。

童长荣

早期为抗日救国捐躯的民族英雄

童长荣，1907年出生在安徽省枞阳县，14岁考入安徽省立第一师范学校。1924年加入中国共产党。1925年，考入日本东京帝国大学。1926年春成为中共日本特别支部负责人。1928年，童长荣回国，先后担任中共上海沪中区委书记、中共河南省委书记、中共天津市委书记、中共大连市委书记等职。1934年3月21日，身患重病的童长荣和部队被敌人包围，他坚守在阻击敌人的一线，腹部中弹后仍继续战斗，直至牺牲，年仅27岁。

英烈语录

对于我们共产党员来说，不死，革命工作就算没完。死了之后，也要给后代留下一条往前走的路。

——童长荣

在安徽枞阳县枞阳镇东寺巷的一处老民宅内，81 岁的童承英像当地的普通老人一样过着朴素、简单的生活。家中最醒目的就是入门可见的“革命烈士证明书”和她的父亲童长荣的肖像。2015 年 9 月 3 日，童承英作为安徽抗日英烈子女代表之一，参加了在北京天安门广场举行的抗战胜利 70 周年阅兵式。

“父亲虽然很早就牺牲了，但是他为革命事业做出了贡献，留给了我们子孙后代宝贵的精神财富，我们全家引以为荣。”童承英说，她常常将父亲的事迹讲述给儿孙听，教育他们要把革命精神代代传承下去。

童长荣，1907 年出生在安徽省枞阳县，14 岁考入安徽省立第一师范学校。就读期间，童长荣积极参加学运斗争，加入社会主义青年团，踏上了革命道路。1924 年加入中国共产党。1925 年考入日本东京帝国大学，与东京的中共党组织取得了联系。1926 年春成为中共日本特别支部负责人。1928 年 5 月，日军枪杀中国军民，制造了“济南惨案”，童长荣领导爱国志士组织“中国留日各界反日出兵大同盟”，掀起声势浩大的反日活动，遭到日本当局逮捕，后被驱逐出境。

1928 年，童长荣回国，先后担任中共上海沪中区委书记、中共河南省委书记、中共天津市委书记、中共大连市委书记等职。

1931 年九一八事变后，民族存亡进入关键时刻，为加强对东北抗日的领导，中国共产党抽调大批骨干力量紧急赶到东北各地。童长荣等人第一批接受发展武装斗争的任务，被任命为东满特委书记。

在艰苦卓绝的东北地区抗日战争中，童长荣组织创建反日游击队，团结各方力量结成抗日统一战线，为东满后来的抗日奠定了良好基础。童长荣非常重视东满地区的党团组织建设，形成了县委、区委、游击大队的党委会，中队的党支部，小队的党小组等比较健全的组织网络。到 1933 年 3 月，东满地区党员人数已达到 1200 余人，几乎占当时东北党员总数的一半，成为东满抗日斗争的中坚力量。令人钦佩的是，1933 年前后，东满特委与满洲省委有近一年时间联系几乎中断，年轻的童长荣完全凭着自己多年革命斗争中形成的政治素质、辨别能力，独立支撑着东满的抗日局面。

然而，童长荣积劳成疾，患有严重肺结核病，几次大口吐血，生命垂危。1934 年 3 月 21 日，身患重病的童长荣和部队被敌人包围，他坚守在阻击敌人的一线，腹部中弹后仍继续战斗，直至牺牲，年仅 27 岁。1935 年 8 月 1 日中共中央在《为抗日救国告全体同胞书》中，称他是为抗日救国而捐躯的民族英雄。

王泰吉
生死利害，在所不计

王泰吉，1906年生，陕西省临潼县北田镇（现为西安市临潼区北田街道）尖角村人。1924年5月考入广州黄埔军校第1期，到校不久便加入了中国共产党。1928年春，王泰吉率全营在陕西省麟游县起义，是年5月，王泰吉参与领导渭华起义，任西北工农革命军参谋长。1934年1月，为了扩大革命武装力量，王泰吉主动要求去豫陕边做兵运工作，途经陕西淳化通润镇时被捕。3月3日，王泰吉被秘密杀害于西安西华门“绥靖”公署军法处的大院内，年仅28岁。

英烈语录

几经奋起几颠沛，愧无良平智量深，引颈辞世诚快事，瞑目庆祝红旗飞。

——王泰吉

“太爷爷的英雄事迹一直影响着我，他是我们的骄傲，同时，我们也有责任继承和发扬他的革命精神。”革命烈士王泰吉的曾孙王争红说。

王泰吉，1906 年生，陕西省临潼县北田镇（现为西安市临潼区北田街道）尖角村人。1924 年 5 月考入广州黄埔军校第 1 期，离开西安前曾吟诗怀志：“七尺男儿汉，足立天地间；满目不平事，蹈覆待何年？！”王泰吉到校不久便加入了中国共产党。同年冬，王泰吉被派到驻河南开封的国民 2 军学兵营任排长，他在所在连队组织党的外围组织“青年军人联合会”，进行革命活动，参加成员达 40 余人。

1926 年王泰吉转入陕军甄寿珊部教导团任营长，从事兵运工作，并介绍在该营任班长的胞弟王泰诚秘密加入了中国共产党。

1928 年春，王泰吉率全营在陕西麟游县起义，参加这次起义的部队，包括学兵营所属的军官队、军士队、学生队以及营部等共约 300 人，枪支 160 余支。后在转战陕甘边途中失败，但王泰吉毫不气馁，他悄悄途经西安时，没有回家，只给父母写了一封信表达革命之志：“男尝谓天下事，危然后安，勿图苟安；乱则思治，勿图小治。男以身贡献社会，生死利害，在所不计。”

是年 5 月，王泰吉参与领导渭华起义，任西北工农革命军参谋长。他和唐澍、刘志丹等人一起领导这支千余人的革命武装，与当地的农民运动相结合，打土豪、分粮食，协助地方党组织在东起少华山、西到临潼县、北到渭北、南至秦岭的 100 多平方公里的区域内，建立了红色政权。

起义再次失败后，王泰吉只身到河南南召县，从事秘密革命活动。

不久被捕，被押往南京。虽与党组织失去联系，但并未动摇他的革命信念，反动当局施以刑讯折磨，他也毫不屈服，并在狱中写诗明志：“南京被押已巳年，蚤虱围攻何足怜。翻身消灭尔丑类，革命精神炼愈坚”，“三尺榻上不容睡，五步室内寄余身，狂吟将伯君毋躁，独对铁窗思好音。”

1930 年王泰吉经杨虎城保释出狱，在杨部任第十七师补充旅副旅长兼参谋长。1931 年后任西安“绥靖”公署新兵训练处长、骑兵团团长等职。

1933 年，王泰吉的骑兵团移驻至陕西耀县后，他找到老同学何寓础，帮助自己寻找党的组织，并向党组织汇报率领全团起义的想法。7 月，在中共陕西省委领导下，王泰吉率骑兵团 2000 余人在耀县起义，成立西北民众抗日义勇军，任总司令，并恢复党组织关系。后在三原以北战斗失利，率余部撤往照金，与习仲勋、李妙斋等领导的游击队会合。8 月，任中国工农红军陕甘边游击队临时总指挥部总指挥，率部智取张洪镇，夜袭合水城，在毛家沟门战斗中以少胜多，使部队转危为安，粉碎了敌军的“围剿”。

同年 11 月，陕甘边特委、临时总指挥部党委决定，将所属部队改编为中国工农红军第 26 军第 42 师，王泰吉任师长，率部开辟以南梁为中心的陕甘边根据地。

1934 年 1 月，为了扩大革命武装力量，王泰吉主动要求去豫陕边做兵运工作，途经陕西淳化通润镇时被捕。被关押期间，任凭敌人软硬兼施、威逼利诱，王泰吉都未失共产党员的气节，还在拘留室的墙壁上留下了豪气干云的诗句：“几经奋起几颠沛，愧无良平智量深，引颈辞世诚快事，瞑目庆祝红旗飞。”王泰吉在知道自己将不久于人世后，恳切地对杨虎城部队旧友们说，希望十七路军能为全国的团结抗日事业出力。3 月 3 日，王泰吉被秘密杀害于西安西华门“绥靖”公署军法处的大院内，年仅 28 岁。

1951 年，党和人民政府在西安革命公园为王泰吉烈士修建了纪念亭和纪念塔，供后人瞻仰和纪念。2012 年，在王泰吉的家乡北田街道尖角村，王泰吉烈士墓被命名为西安市党史教育基地。2013 年，为了缅怀英雄，尖角村村委会修建了王泰吉烈士广场。2015 年，这里被命名为临潼区爱国主义教育基地，每年都有许多青少年来此学习革命传统。

季振同 宁都起义的领导人

季振同，1901 年 5 月出生于河北沧县。1919 年春，赴北平谋生，同年进入冯玉祥部队，后毕业于保定陆军军官学校。1931 年，季振同任国民党第二十六路军第 74 旅旅长。在中共中央的领导与党组织的推动下，1931 年 12 月 14 日，季振同等人发动了著名的宁都起义，率领二十六路军 1.7 万名官兵弃暗投明，被改编为红一方面军第五军团，中革军委任命季振同为红五军团总指挥。1932 年 1 月，季振同加入中国共产党。1932 年 8 月，由于党内“左”倾错误的影响，季振同被误定为反革命分子，入狱监禁。1934 年 10 月，中央红军长征前夕，季振同被错杀于江西省瑞金县叶坪村，牺牲时年仅 33 岁。

英烈语录

国家兴亡，匹夫有责。我们不当亡国奴，我们要自强，雪国耻，收复国土和主权！

——季振同

“我们现在的幸福生活是由像季振同这样无数革命先烈用生命换来的。”季振同烈士祖籍所在地河北沧县狼儿口村党支部书记张淑芹表示，人们应不忘国耻，学会珍惜，沿着革命先烈的足迹前行，把革命精神传承下去。

季振同，1901 年 5 月出生于河北沧县。1919 年春，赴北平谋生，深受当时五四运动的影响，立志做一名爱国军人，同年进入冯玉祥部队，后毕业于保定陆军军官学校。1924 年 10 月，他跟随冯玉祥参加了推翻贿选总统曹锟的北京政变，驱逐清朝废帝溥仪出宫，深受冯玉祥器重，先后由排长逐级晋升至旅长。1926 年 9 月，参加冯玉祥部五原誓师，任国民联军第 14 师师长，参加北伐战争。

1931 年，季振同任国民党第二十六路军第 74 旅旅长。九一八事变后，他明确反对蒋介石对日不抵抗方针和“剿共”政策，多次向 74 旅官兵讲话表示：“国家兴亡，匹夫有责。我们不当亡国奴，我们要自强，雪国耻，收复国土和主权！”“我们要有勇气，回北方去，坚决抗击日军去！”他领头联名给蒋介石发电报，要求回北方与日军作战。蒋介石则严令二十六路军继续“围剿”红军，“侈谈抗日者杀无赦”。这更加激起季振同等二十六路军官兵对国民党蒋介石反动政策的不满。

在中共中央的领导与党组织的推动下，1931 年 12 月 14 日，季振同与赵博生、董振堂、黄中岳等一起，发动了著名的宁都起义，率领二十六路军 1.7 万名官兵弃暗投明，被改编为红一方面军第五军团，中革军委任命季振同为红五军团总指挥，萧劲光为红五军团政治委员。

起义后不久，季振同即向党中央提出加入中国共产党的要求。1932 年 1 月，由朱德和周恩来介绍，经党中央批准，季振同加入了中国共产党。

在党的领导下，经过整编训练，红五军团开赴前线，投入到反“围剿”作战中，先后参加了赣州、龙岩、漳州、水口等重要战役。特别是水口一战，红五军团与敌人展开了激烈拼杀，表现了极其英勇顽强的战斗作风。红五军团成为中央红军的一支劲旅，作为军团总指挥的季振同功勋卓著，屡建奇功。

1932 年 8 月，由于党内“左”倾错误的影响，季振同被误定为反革命分子，入狱监禁。1934 年 10 月，中央红军长征前夕，季振同被错杀于江西省瑞金县叶坪村，牺牲时年仅 33 岁。

1981 年 12 月，纪念宁都起义 50 周年时，《人民日报》《解放军报》先后发表了萧劲光等老同志的文章，对季振同的革命功绩进行了公正评价，予以平反。

周以栗
热血铸丰碑

周以栗，1897 年 10 月出生于湖南省长沙县桥头驿九福乡（今望城县桥驿镇）一个佃农家庭。1924 年，周以栗加入中国共产党。1931 年 11 月，中华苏维埃共和国第一次全国工农兵代表大会在江西瑞金召开，周以栗被选为中央执行委员，并担任临时中央政府内务人民委员。同时，他还兼任红军总前委组织部长，红军中央军事政治学校政治部主任，红中社负责人，临时中央政府机关报《红色中华》主笔等职。1934 年 11 月，周以栗在转移途中壮烈牺牲，时年 37 岁。

英烈语录

我们必须拿起枪杆来与反动派针锋相对地进行斗争，革命才能生存、发展。

——周以栗

在长沙城北、湘江东岸，望城区桥驿镇丁家村一处道路旁，有一座很不起眼儿的老房子，革命英烈周以栗就出生在这里。

周以栗，1897 年 10 月出生于湖南省长沙县桥头驿九福乡（今望城县桥驿镇）一个佃农家庭。长沙师范学校毕业，曾在周南女校等当教师。期间，周以栗认识了徐特立、何叔衡等，并通过他们认识了毛泽东，开始接受马克思主义。1924 年，周以栗加入中国共产党。

1925 年春，周以栗任国共合作的国民党湖南省党部第一届执行委员、省党部中共党团书记，参与统一战线和工农革命运动的领导工作。五卅运动发生后，周以栗以青沪惨案湖南雪耻会负责人之一，领导了长沙市的罢工、罢市、罢课和示威游行。

1926 年，周以栗任国民党湖南省党部组织部秘书、青年部部长，参与组织领导了轰轰烈烈的湖南农民运动。1927 年年初，根据党组织的指示，到武汉筹办国民党中央农民运动讲习所，后任农讲所教务主任。

大革命失败后，周以栗回到湖南，任中共湖南省委军事部部长。不久赴上海向党中央汇报工作，后留在上海担任党中央刊物《布尔什维克》的编辑。

1927 年年底，周以栗任中共河南省委书记。在严峻的白色恐怖形势下，他临危不乱，大力恢复发展党的组织，领导发动农村武装暴动，在中原大地点燃了武装反抗国民党反动派的熊熊烈火。

1928 年 4 月 15 日，周以栗在开封被捕。凶残的敌人用烧红的烙铁烙他的皮肉。周以栗宁死不屈，严守党的机密。1930 年 1 月，经营救，周以栗获释出狱。

出狱后，周以栗任中共中央长江局军事部长，1930 年 9 月以中央代表的身份到中央革命根据地。同年 10 月任红一方面军总前委委员、总政治部主任，参加了中央革命根据地第一、第二次反“围剿”斗争。1931 年 6 月，周以栗被增补为苏区中央局委员，担任中共闽赣边界工委书记。

1931 年 11 月，中华苏维埃共和国第一次全国工农兵代表大会在江西瑞金召开，周以栗被选为中央执行委员，并担任临时中央政府内务人民委员。同时，他还兼任红军总前委组织部长，红军中央军事政治学校政治部主任，红中社负责人，临时中央政府机关报《红色中华》主笔等职。

1934 年 10 月，中央红军长征，周以栗因病不能随大部队行动，党组织决定安排他去上海治病。11 月，在转移途中被国民党军包围，突围时壮烈牺牲，时年 37 岁。

陈寿昌

党的忠诚卫士

陈寿昌，1906 年 11 月出生于浙江镇海。1922 年离开家乡先后来到武汉、郑州，进入郑州电报局工作。二七惨案后，陈寿昌从郑州转到武汉电报局从事工人运动，坚持革命斗争，1924 年加入中国共产党。大革命失败后，陈寿昌到上海，先后担任中共中央机关秘书、中共上海市政总工会党团书记、中共江苏省委委员、中共上海沪西区委书记。1928 年秋，到中共中央特科做情报和党的地下组织联络工作。1931 年 12 月，陈寿昌离开上海到中央革命根据地工作。1934 年 10 月，中央红军主力长征后，陈寿昌带领红十六师在湘鄂赣边界开展游击战争，牵制敌人兵力，配合中央红军长征。1934 年 11 月，陈寿昌率部在湖北崇阳、通城之间的老虎洞与国民党军遭遇，不幸身负重伤，在崇阳县河坪村壮烈牺牲，时年 28 岁。

英烈语录

身许马列安等闲，报效工农岂知艰。

壮志未酬身若死，亦留忠胆照人间。

——陈寿昌

在浙江宁波镇海的寿昌公园内，竖立着一座半身铜像，鼻梁上架着圆圆的眼镜，深邃的目光望向远方……他就是革命烈士陈寿昌。他用短暂的一生实践了“身许马列安等闲，报效工农岂知艰。壮志未酬身若死，亦留忠胆照人间”的庄严誓言。

陈寿昌，1906年11月出生于浙江镇海。1922年离开家乡先后来到武汉、郑州，进入郑州电报局工作。

1923年2月，京汉铁路工人大罢工期间，陈寿昌积极参加组织电报局职工声援铁路工人的斗争。二七惨案后，工人运动转入低潮，陈寿昌从郑州转到武汉电报局从事工人运动，坚持革命斗争，1924年加入中国共产党。1926年秋，在李立三、刘少奇的指导下，陈寿昌发动工人，组织工会，配合北伐军胜利进军，参与组织收回英租界的斗争。

大革命失败后，陈寿昌到上海，先后担任中共中央机关秘书、中共上海市政总工会党团书记、中共江苏省委委员、中共上海沪西区委书记。1928年秋，到中共中央特科做情报和党的地下组织联络工作，为保卫党中央领导机关和党组织的安全做出了贡献。

1929年，陈寿昌被派到苏联学习，不久回国，继续在中央特科工作。1931年4月，参与领导中央特科工作的顾顺章被捕叛变，对中共中央领导机关和中央领导同志的安全构成极大威胁。在周恩来、陈云、聂荣臻等中央领导的果断指挥下，陈寿昌和其他同志日夜战斗，抢先采取有效措施，保卫了中央机关和中央领导同志的安全。

1931年12月，陈寿昌离开上海到中央革命根据地工作。1932年1月，参与组建中华全国总工会中央苏区执行局，任党团书记、主任，1933 年 2 月任中共福建省委书记，1933 年 7 月任中共湘鄂赣省委书记兼湘鄂赣军区政委，1934 年 2 月被选为中华苏维埃共和国中央执行委员，同年 6 月兼任红十六师政委。

1934 年 10 月，中央红军主力长征后，陈寿昌受命于危难之际，留在中央革命根据地坚持斗争，在反动派到处悬赏捉拿他的极其艰苦、险恶的斗争环境中，陈寿昌带领红十六师在湘鄂赣边界开展游击战争，牵制敌人兵力，配合中央红军长征。

1934 年 11 月，陈寿昌率部在湖北崇阳、通城之间的老虎洞与国民党军遭遇，不幸身负重伤，在崇阳县河坪村壮烈牺牲，时年 28 岁。

为纪念陈寿昌烈士，1992 年，浙江宁波镇海区委、区政府建造了寿昌公园，并在公园内修建了陈寿昌烈士纪念馆、纪念碑和陈寿昌烈士的半身铜像。

近年来，当地政府对陈寿昌烈士纪念馆进行了多次修缮维护，目前已是宁波市中共党史教育基地，镇海区爱国主义教育基地、廉政文化教育基地、青少年德育教育基地。

陈树湘

『为苏维埃新中国流尽最后一滴血』

陈树湘，1905 年 1 月生，湖南长沙县人。1927 年 9 月随部参加毛泽东领导的湘赣边界秋收起义，不久加入中国共产党。1934 年 12 月，在完成掩护中央红军主力渡过湘江后，陈树湘指挥红 34 师数次强渡湘江，都先后失利，陷入敌人的重围。面对严峻形势，陈树湘执行退回湘南地区、坚持游击战争的命令，率部突围。部队到达道县泗马桥时，遇到国民党地方保安团的截击，不幸被俘。在被押往长沙途中，陈树湘壮烈牺牲，年仅 29 岁。

英烈语录

为苏维埃新中国流尽最后一滴血。

——陈树湘

夏秋之交，在长沙县福临镇陈树湘烈士事迹陈列室，不断有人前来参观，瞻仰这位“为苏维埃新中国流尽最后一滴血”的烈士。

陈树湘，1905 年 1 月生，湖南长沙县人。1919 年参加新民学会发动的长沙反日爱国运动。1921 年与在长沙清水塘从事党的秘密工作的毛泽东结识，受到马克思主义的启蒙教育。1922 年秋加入中国社会主义青年团。1927 年参加北伐军叶挺部，历任班长、警卫团排长。同年 9 月随部参加毛泽东领导的湘赣边界秋收起义，不久加入中国共产党。后上井冈山，历任红 4 军第 31 团连长、第 3 纵队大队长。参加了井冈山和赣南闽西地区的游击战争。

1930 年 6 月，陈树湘任红 1 军团总指挥部特务队队长，8 月任红一方面军司令部特务队队长，负责对毛泽东、朱德等领导人的警卫工作。1931 年后，历任红 12 军团长、红 19 军第 56 师师长、红 5 军团第 34 师第 101 团团长、第 34 师师长，率部参加了中央苏区历次反“围剿”作战。在创建井冈山革命根据地和中央苏区的斗争中，陈树湘身经百战，屡建奇功，逐步成长为红军的一位优秀指挥员。

1934 年 10 月，陈树湘率部参加中央红军长征，担任全军总后卫，同国民党追兵频繁作战，掩护红军主力和中共中央、中革军委机关连续突破国民党军第一至第三道封锁线。

11 月下旬，在惨烈的湘江之战中，陈树湘率领全师与十几倍于自己的敌人殊死激战四天五夜，付出重大牺牲，全师由 6000 余人锐减至不足 1000 人。12 月 1 日，中央红军主力和中共中央、中革军委机关渡过湘江。

完成掩护中央红军主力渡过湘江后，陈树湘指挥红 34 师数次强渡湘江，都先后失利，陷入敌人的重围。面对严峻形势，陈树湘执行退回湘南地区、坚持游击战争的命令，率部突围。在激烈战斗中，陈树湘腹部中弹，身受重伤。他用皮带压住伤口，躺在担架上继续指挥战斗，终于突出重围。部队到达道县泗马桥时，遇到国民党地方保安团的截击。

危急时刻，陈树湘命令大部队突围，自己和两名警卫员留下掩护。经过激战，大部突出重围，陈树湘不幸被俘。敌人为抓到一名红军师长而欣喜若狂，立即将他押往长沙。途中，陈树湘趁敌不备，忍着剧痛，从伤口处掏出肠子，用力绞断，壮烈牺牲，年仅 29 岁，实现了他“为苏维埃新中国流尽最后一滴血”的誓言。

陈树湘已经牺牲 80 多年，家乡人民无时无刻不在怀念着他。福临镇党委书记王乐君告诉笔者，近年来福临镇历史文化陈列室、陈树湘烈士事迹陈列室、长沙保卫战影珠山抗战史实陈列室陆续建成投入使用，当地正不断挖掘自然山水资源和红色文化资源，努力做好全域旅游发展文章。

何宝珍

『英勇坚决，为女党员之杰出者』

何宝珍，又名保贞、葆珍，1902 年 4 月出生于湖南省道县。1922 年加入中国社会主义青年团，1923 年春转入中国共产党。何宝珍以教师身份作为掩护，四处奔波，争取社会力量，千方百计地营救被捕同志。她的营救活动引起反动当局的注意，1933 年 3 月被国民党宪兵逮捕，关进南京宪兵司令部监狱。1934 年秋，何宝珍在南京雨花台英勇就义，年仅 32 岁。

英烈挽歌

英勇坚决，为女党员之杰出者。

——刘少奇

沭水河畔，莲花飘香。湖南省永州市道县梅花镇贵头村的英雄烈士何宝珍故里，前来参观、学习的人们络绎不绝。何宝珍故居、纪念馆和铜像广场已修缮一新，一代革命英烈的英勇事迹，远播四方。

何宝珍，又名保贞、葆珍，1902 年 4 月出生于湖南省省道县。1914 年入县女子小学读书。1918 年考取衡阳湖南省省立第三女子师范学校，在学校里积极参加学生运动，1922 年加入中国社会主义青年团，同年 9 月因领导学潮被校方开除。经过学校党组织的联系，很快来到长沙中共湘区委员会。同年 10 月被分配去安源工作，在安源路矿工人俱乐部子弟学校任教员兼工人俱乐部书报科委员。1923 年春转入中国共产党，4 月与刘少奇结成革命伴侣。

1925 年春，何宝珍随刘少奇起程奔赴广州，开始新的斗争。从此，随刘少奇为革命多方奔走，四海为家，先后在上海、广州参加中华全国总工会的工作。1926 年 10 月与刘少奇来到武汉，曾任汉口市妇女协会组织部长。大革命失败后，又随刘少奇辗转于华北、东北、上海等地，参加当地党的、工会的、妇女群众的许多工作。

1932 年冬，刘少奇离开上海前往中央苏区后，何宝珍带着小儿子留在上海坚持地下斗争。此前为了便于从事革命工作，她将一儿一女两个孩子先后送他人代养。何宝珍任全国互济总会的领导职务兼营救部部长，化名王芬芳，以教师身份作为掩护，四处奔波，争取社会力量，千方百计地营救被捕同志。她的营救活动引起反动当局的注意，1933 年 3 月被国民党宪兵逮捕，关进南京宪兵司令部监狱。

在狱中，何宝珍机智地向敌人隐瞒了自己的真实身份，与狱中的共产党员一道组织难友同敌人展开各种形式的斗争。她还常常利用难得的放风等机会，以革命乐观主义精神鼓励难友，感染同伴。由于叛徒告密，她的身份终于暴露。面对敌人的酷刑拷打，何宝珍始终坚贞不屈，坚守党的机密，1934 年秋，在南京雨花台英勇就义，年仅 32 岁。

何宝珍英勇牺牲后，当刘少奇得到消息时，沉痛地称赞她“英勇坚决，为女党员之杰出者”。

1950 年，刘少奇到南京雨花台缅怀烈士，在烈士纪念碑前深情地说：“几十年来，无数的革命先烈被处死在这里，何宝珍同志便是其中的一位。”

何宝珍的革命情怀和英雄斗志激励着家乡人民。2015 年以来，中共道县县委、道县县政府募集资金对何宝珍故居进行修缮，并广泛征集革命文物，对故居文物进行复原陈列布展。2017 年 4 月，何宝珍故居正式对外开放，现被列为永州市文物保护单位、永州市爱国主义教育基地、湖南省全民国防教育基地。

寻淮洲
红军中年轻有为的青年将领

寻淮洲，1912 年生，湖南浏阳人。1927 年年初加入中国共产主义青年团。1928 年转为中国共产党党员。1934 年 12 月 14 日，在安徽太平县谭家桥战斗中，他指挥部队同数倍于己之敌展开激战，不幸腹部中弹，壮烈牺牲，年仅 22 岁。

英烈挽歌

寻同志为红军青年将校，以游击战斗著称，毕生为革命利益、民族利益牺牲到底，在足为抗日战士之楷模。

——陈毅

在湖南浏阳社港镇淮洲村黄狮塘组，经过一方池塘，走过一段绿竹林荫道，一座夯土墙、悬山顶、覆小青瓦的农家三合院映入眼帘。

这里就是寻淮洲故居。这座建于清道光年间的江南民间宅院坐北朝南，土木结构，占地面积约 700 平方米。2012 年经过修缮，基本保持了原貌，主屋为寻淮洲烈士生平事迹陈列馆，左侧为卧室、横厅、厨房，右侧为农具房。

寻淮洲，1912 年生，湖南浏阳人。1927 年年初加入中国共产主义青年团。同年 9 月，随浏阳工农义勇队参加秋收起义，并随起义部队进军井冈山，参加开辟井冈山革命根据地的斗争和反“会剿”作战。1928 年转为中国共产党党员。1929 年春随红 4 军转战赣南、闽西。先后任中国工农红军第 4 军排长、连长，红 1 军团第 12 军 34 师营长、团长。

1930 年 11 月，寻淮洲率红 34 师第 100 团参加中央革命根据地第一次反“围剿”作战，因为指挥果断，作战有功，被任命为红 12 军第 35 师师长。随后，他率部参加了中央革命根据地的第二、第三次反“围剿”作战，屡建战功。1932 年 3 月任红 1 军团第 15 军 45 师师长，12 月任红 21 军军长。

1933 年，在第四次反“围剿”作战中，寻淮洲率部牵制国民党军几个师的兵力，保证了红一方面军主力取得黄陂、东陂两个战役的胜利，荣获中央军委特别嘉奖。黄陂战斗中，他率红 21 军插入敌后，切断国民党军第 52 师退路，为全歼该师创造了条件。同年 7 月，红 21 军与红 7 军改编为红 3 军团第 5 师，他任师长。根据党中央指示，红 3 军团 4 师、5 师和红 5 军团 34 师组成东方军，执行收复闽西连城、新泉苏区和开辟闽北新苏区的任务。他率红 5 师从江西广昌头陂地区出发，向福建进军，入闽作战几个月，连战告捷。

1933 年 10 月，寻淮洲被任命为红 7 军团军团长。率部参加中央革命根据地第五次反“围剿”作战。1934 年 1 月，被选为中华苏维埃共和国中央执行委员。

1934 年 7 月，红 7 军团奉命组成中国工农红军北上抗日先遣队，寻淮洲任军团长兼抗日先遣队总指挥。在 4 个月时间里，他指挥部队转战闽浙皖赣边几十个县，行程 3200 多里，牵制了大量国民党军，击退其无数次的围追堵截，有力地策应了中央红军的战略转移。

1934 年 11 月，寻淮洲率部进入闽浙赣苏区，与方志敏领导的红 10 军合编为红 10 军团，任第 19 师师长，奉令先行出击浙皖边，继续率部英勇作战，连连取胜。12 月 14 日，在安徽太平县谭家桥战斗中，他指挥部队同数倍于己之敌展开激战，不幸腹部中弹，壮烈牺牲，年仅 22 岁。

彭干臣
闽浙赣革命根据地反『围剿』作战指挥者

彭干臣，1899年出生于安徽省英山县（今属湖北省），1919年考入安徽省省立第一师范学校。1921年4月加入中国社会主义青年团，1923年12月转为中国共产党党员。1934年11月，彭干臣参加方志敏领导的红军北上抗日先遣队，转战于浙赣、皖赣边，开展抗日民主运动，发展游击战争，建立根据地，吸引敌人，减轻中央红军的压力。1935年1月中旬，彭干臣在上饶、德兴间怀玉山地区战斗中英勇牺牲，年仅35岁。

英烈语录

革命诚艰巨，断指不足惜。留得头颅在，可为党效力。

——彭干臣

位于大别山革命老区腹地的湖北省黄冈市英山县红山镇邵河村，山清水秀、空气清新，“高颜值”的农家小洋楼处处可见。这里就是彭干臣烈士的家乡。

正在村党员群众服务中心建设现场监督施工的邵河村支书王仕成说：“服务中心大楼建成后，将在二层修建邵河村革命烈士纪念馆，展示彭干臣等 20 余名邵河村革命烈士的生平事迹，让革命烈士的精神代代相传。”

彭干臣，1899 年出生于安徽省英山县（今属湖北省），1919 年考入安徽省立第一师范学校。1921 年 4 月加入中国社会主义青年团，1923 年 12 月转为中国共产党党员。

1924 年 5 月，彭干臣与许继慎等人被安徽党组织选派考入黄埔军校第一期。毕业后在军校教导团任连党代表，为中共黄埔军校特别支部委员。1925 年 1 月，他参加第一次东征作战，因战功显赫升任营党代表。6 月到上海开展工人运动。10 月赴苏联入莫斯科东方大学军事班学习，与朱德等同班。

1926 年秋，彭干臣奉命提前结业回国，加入叶挺独立团参加北伐战争。10 月独立团扩编成立第二十四师，叶挺任师长兼任武昌卫戍司令，彭干臣任卫戍司令部参谋长、代理武昌卫戍司令。1927 年 3 月，彭干臣按中央指示，带领一批军事骨干秘密潜回上海，参加第三次工人武装起义，协助周恩来指挥工人作战。5 月护送周恩来到武汉。

大革命失败后，彭干臣潜回家乡组织革命活动，后赴南昌参与起义的组织发动工作。南昌起义第二天，彭干臣被任命为南昌市公安局局长兼卫戍司令。南昌起义部队在广东潮汕失败后，潜回上海，从事秘密革命工作。

1929年春夏之交到1930年5月，在周恩来领导下参与在上海举办的中央军政干部训练班，培养训练了一大批军政领导干部。1929年8月任中共中央军事部军事委员会委员。1930年5月任中共满洲省委军委书记，秘密组织东北地区的军事斗争。12月任中共顺直省委军委书记。1931年夏被调回上海，协助周恩来领导中央军委日常工作，并从事抗日救亡活动。

1932年春，彭干臣奉中央指示到闽浙赣苏区，先后任红十军参谋处长、新十军参谋长，参与指挥闽浙赣革命根据地的反“围剿”作战，协助方志敏率部取得了一系列胜利，巩固和扩大了苏区。1933年任彭（湃）杨（殷）陆军学校教育长、校长。1934年11月，他参加方志敏领导的红军北上抗日先遣队，转战于浙赣、皖赣边，开展抗日民主运动，发展游击战争，建立根据地，吸引敌人，减轻中央红军的压力。1935年1月中旬，彭干臣在上饶、德兴间怀玉山地区战斗中英勇牺牲，年仅35岁。

“彭干臣是邵河村的骄傲。邵河人受到彭干臣烈士革命精神的感召，始终不忘自力更生，艰苦奋斗，邵河村也因此成为英山县这个湖北省深度贫困县中少有的非贫困村。”王仕成这样对笔者说。

之一 陕北红军和苏区创建人 谢子长

谢子长，1897 年生，陕西安定（今子长）县人。1925 年加入中国共产党。1934 年，谢子长任中国工农红军陕北红军游击队总指挥部总指挥、红 26 军 42 师政治委员、中共西北革命军事委员会主席，指挥部队粉碎了国民党军对陕北苏区的“围剿”。谢子长在长期征战中，多次负伤，积劳成疾。终因伤病恶化，1935 年 2 月 21 日在安定县灯盏湾逝世，时年 38 岁。

英烈挽歌

一生为人民创造红地，百姓到如今叫你青天。

——中共中央西北局

“从小父亲就给我们讲爷爷闹革命的故事，对老一辈革命家的精神由衷钦佩。爷爷当年不仅自己献身革命，还教育全家成为一个革命家庭，在他带领下，家中共有17人投身革命，牺牲的亲属就有9人。现在生活好了，但我们一直保持着艰苦朴素、奉献社会的家风。只有把理想信念的火种和红色传统的基因一代代传下去，方能使革命事业薪火相传，血脉永续。”英烈谢子长的孙子谢明说。

谢子长，1897年生，陕西安定（今子长）县人。1922年考入阎锡山办的太原学兵团学军事。1924年回安定县办民团，任团总。同年赴天津、北京，参加反帝斗争，参加进步青年组织“共进社”。1925年加入中国共产党。后根据党的指示回到陕北，利用民团团总身份进行革命活动。

1927年年初，谢子长被选为安定县地方行政会议主席团成员和农民协会促成会委员。组织和领导农民协会打击封建官僚，惩办土豪劣绅，被群众称颂为“谢青天”。同年10月，谢子长与唐澍等人组织领导清涧起义，任西北革命军游击支队营长、副指挥。

1928年5月，谢子长参与领导渭华起义，任西北工农革命军军事委员会委员兼革命军第3大队大队长。后任中共陕北特委军委委员。1930年，谢子长任陕北行动委员会军事指挥部总指挥，在陕北、宁夏、甘肃等地做兵运工作。

1931年10月，谢子长和刘志丹等将南梁游击队和陕北游击支队合编为西北反帝同盟军，1932年2月12日改编为中国工农红军陕甘游击队，谢子长任总指挥，率部转战陕甘边，创建革命根据地。

1933年夏，谢子长被派往察绥抗日同盟军第18师，负责中共组织的工作，协助师长许权中指挥作战。同年 11 月回到陕西，任中共中央北方代表派驻西北军事特派员，在极端困难的条件下恢复和建立了陕北红军游击队 5 个支队，建立了安定、延川根据地。

1934 年，谢子长任中国工农红军陕北红军游击队总指挥部总指挥、红 26 军 42 师政治委员、中共西北革命军事委员会主席，指挥部队粉碎了国民党军对陕北苏区的“围剿”。谢子长在长期征战中，多次负伤，积劳成疾。终因伤病恶化，1935 年 2 月 21 日在安定县灯盏湾逝世，时年 38 岁。毛泽东曾多次为谢子长墓题词：“民族英雄”、“虽死犹生”，并亲笔写了碑文。

同年，为了纪念谢子长，中共西北工作委员会决定将安定县改名为子长县。1946 年，中共中央西北局和陕甘宁边区政府在瓦窑堡修建了子长烈士陵园，1954 年重修后改名为“子长烈士纪念馆”，并于 2017 年被命名为全国爱国主义教育示范基地，每年清明节期间，谢子长家乡李家岔镇的中小学生都会来参加祭扫烈士墓的活动，缅怀先烈。全年前来瞻仰的人数超过 8 万人次。

邓萍
遵义城下洒热血

邓萍，1908 年出生于四川富顺县（今自贡市大安区）。1926 年 12 月考入武汉中央军事政治学校，在校加入中国共产主义青年团，不久转为中国共产党党员。1935 年 2 月 27 日，邓萍在指挥部队攻打遵义老城时被子弹击中头部，壮烈牺牲，年仅 27 岁。

英烈挽歌

长夜沉沉何时旦？黄埔习武求经典。北伐讨贼冒弹雨，平江起义助烽焰。“围剿”粉碎苦运筹，长征转战肩重担。遵义城下洒热血，三军征途哭奇男。

——张爱萍

在距离成都市区约200公里路程的自贡市大安区，一片地势较高的丘陵上，郁郁葱葱的树林掩映着一处故居。这是红军长征中牺牲的高级将领、革命烈士邓萍的出生地。

邓萍，1908年出生于四川富顺县（今自贡市大安区）。1926年12月考入武汉中央军事政治学校，在校加入中国共产主义青年团，不久转为中国共产党党员。1927年冬，邓萍受党的派遣，在彭德怀担任团长的国民党湖南陆军独立第5师第1团做兵运工作。在该团秘密组织成立中共党支部和团委，任书记。1928年7月参与组织领导平江起义，任中国工农红军第5军参谋长、中共红5军军委书记。参加领导开辟湘鄂赣苏区。同年冬，和彭德怀、滕代远率红5军主力到井冈山，参加保卫井冈山革命根据地的斗争。

1930年6月，邓萍任红3军团参谋长。同年7月，协助彭德怀指挥攻打长沙的战斗。长沙攻克后，兼任长沙警备司令。撤出长沙后，红3军团在平江整编，邓萍兼任红5军军长。同年8月，根据中共中央的指示，红3军团与红1军团组成红一方面军。从此，邓萍指挥红5军，在朱德、毛泽东的亲自指挥下，参加了中央苏区历次反“围剿”。

1933年7月，邓萍兼任红军东方军参谋长，参与指挥所部入闽作战。在中央苏区，邓萍南征北战，战功卓著，成为红军的著名将领。期间，邓萍兼任红5军随营军校教育长，参与创建中国工农红军学校，任副总队长兼教育长，培养了大批红军干部。1934年1月，邓萍当选为中华苏维埃第二届中央执行委员会候补委员。

1934年10月，邓萍参加长征，协助彭德怀指挥红3军团，担任右路前卫，连续突破国民党军4道封锁线，掩护中央红军主力和中革军委机关突围。遵义会议后，在毛泽东的正确指挥下，邓萍与彭德怀指挥红3军团，两渡赤水河，激战娄山关。

1935年2月27日，邓萍在指挥部队攻打遵义老城时被子弹击中头部，壮烈牺牲，年仅27岁。彭德怀在指挥所接到邓萍不幸牺牲的消息后，十分悲痛，他流着眼泪向部队下达了命令："拿下遵义，为参谋长报仇。"

红军攻下遵义城后，红11团政治委员张爱萍挥笔写下一首挽诗："长夜沉沉何时旦？黄埔习武求经典。北伐讨贼冒弹雨，平江起义助烽焰。'围剿'粉碎苦运筹，长征转战肩重担。遵义城下洒热血，三军征途哭奇男。"

彭德怀说："邓萍这个人是值得纪念的！""从平江起义到井冈山斗争，从江西苏区转战到长征途中，直到他牺牲前，我们一直在一起工作，互相配合得很好。邓萍对党和人民的革命事业忠心耿耿，作战指挥沉着果断、英勇顽强，是一个很有才干的优秀军事干部。"

新中国成立后，遵义人民政府找到邓萍烈士的遗骸，迁葬在碧水环绕的凤凰山上。

何叔衡

『我要为苏维埃流尽最后一滴血』

何叔衡，1876 年出生，湖南省宁乡人。1921 年 7 月，何叔衡出席中国共产党第一次全国代表大会，成为党的创始人之一。1934 年 10 月，中央红军主力长征后，何叔衡奉命留在中央革命根据地坚持游击战争。1935 年 2 月 24 日，从江西转移福建途中，何叔衡在长汀突围战斗时壮烈牺牲，时年 59 岁。

英烈语录

身上征衣杂酒痕，远游无处不消魂。
此生合是忘家客，风雨登轮出国门。

——何叔衡

从长沙出发，驱车经过两个多小时的山路颠簸，便到了湖南宁乡市沙田乡。中共一大代表何叔衡的故居就坐落在沙田乡长冲村杓子冲一个群峰连绵、青松翠竹的山冲里。

何叔衡，1876 年出生，湖南省宁乡人。1913 年何叔衡考入湖南省省立第一师范讲习班，与毛泽东、蔡和森等同学志同道合，成为最好的朋友。在第一师范结业后，先后在长沙楚怡学校和第一师范附小任教，同时积极参加毛泽东、蔡和森等组织的革命活动。1918 年 4 月，他与毛泽东、蔡和森等发起组织成立新民学会，曾任执行委员长。

五四运动中，何叔衡与长沙的进步教师支持学生反帝爱国行动。1920 年 3 月，参加驱除皖系军阀张敬尧的斗争。1920 年夏，他与毛泽东等发起组织湖南俄罗斯研究会，先后介绍刘少奇、任弼时、萧劲光等进步青年到上海外国语学校学习俄语及赴俄留学。

1920 年冬，何叔衡与毛泽东共同发起成立湖南的共产党早期组织。1921 年 7 月，出席中国共产党第一次全国代表大会，成为党的创始人之一。10 月，参与组建中共湖南支部，任支部委员。1922 年任中共湘区执行委员会委员。在湖南大力发展党员和基层组织，开展革命活动。第一次国共合作时期，按照党的要求，他在湖南发展国民党组织，推动国民革命的发展，曾任国民党湖南省党部执行委员、监察委员等职。

1927 年马日事变后，何叔衡前往上海，为党创办地下印刷厂，坚持秘密斗争。1928 年 6 月赴莫斯科出席中共六大。9 月进入莫斯科中山大学，与徐特立、吴玉章、董必武、林伯渠等编在特别班学习。1930 年 7 月从苏联学习回国后，在上海负责全国互济会工作，组织营救被捕同志，将暴露身份的同志转往苏区。

1931 年 11 月，何叔衡进入中央革命根据地，当选为中华苏维埃共和国中央执行委员会委员，任临时中央政府工农检察人民委员、内务人民委员部代部长、临时最高法庭主席等职。毛泽东高度评价他的革命精神和工作能力，说“叔翁办事，可当大局”。

1934 年 10 月，中央红军主力长征后，何叔衡奉命留在中央革命根据地坚持游击战争，经受了严峻的生死考验。1935 年 2 月 24 日，从江西转移福建途中，在长汀突围战斗时壮烈牺牲，实践了“我要为苏维埃流尽最后一滴血”的誓言，时年 59 岁。

1937 年在延安纪念中国共产党成立 16 周年大会上，毛泽东在为牺牲同志默哀的名单中念到何叔衡的名字时，大家莫不为这位党内的革命长者的牺牲而深感悲痛。

钟纬剑
血染的红军利剑

钟纬剑，1907 年 5 月生于湖南醴陵县桃花乡（今醴陵市官庄镇）沙田村一个农民家庭，又名钟维剑、钟继连、钟文。1925 年，参与领导爱国学生运动，同年秋入黄埔军校步兵科学习，期间加入中国共产党。1935 年，钟纬剑任红 3 军团第 5 师参谋长、红 3 军团第 10 团参谋长。同年 2 月 28 日，在遵义战役中的老鸦山战斗中，钟纬剑腹部中弹，由于失血过多，再也没能醒过来。28 岁的年轻生命，永远停留在了老鸦山上。

英烈语录

共产党人的意志向来就不会改变，只有革命才有生路，即使我牺牲了，革命总是要成功的。

——钟纬剑

初秋的湖南醴陵，天气清爽宜人。踏上这片孕育大批将军的红色土地，能感受到浓浓的英雄气息。这里，有一个人被誉为“红军的一柄利剑”，有着血染的风采，他就是钟纬剑。

钟纬剑，1907 年 5 月生于醴陵县桃花乡（今醴陵市官庄镇）沙田村一个农民家庭，又名钟维剑、钟继连、钟文。1922 年，钟纬剑进入长沙长郡中学读书，曾与曾三等进步学生组织“新雷声社”。1925 年，参与领导爱国学生运动，同年秋入黄埔军校步兵科学习，期间加入中国共产党。1926 年秋毕业，分配到国民革命军第 6 军 17 师，先后任连政治指导员、连长、副团长等职，参加北伐战争中三克南昌、强攻南京的战斗。

大革命失败后，钟纬剑到武汉，从事兵运工作。他从国民党军内秘密搞了一部分枪支，弄到一条帆船，夜里驶离武汉，沿江而上，在湖南华容与贺龙接上联系，随贺龙前往湘西桑植。1928 年 3 月参加桑植起义，任中国工农革命军第 4 军军部参谋。1928 年 8 月被党组织派往日本，入东京士官学校学习，后转早稻田大学攻读社会科学，积极参加中共旅日特别支部的活动。

在日期间，钟纬剑遭到日警逮捕，被酷刑折磨得死去活来，但依然将生死置之度外，坚不吐实。1930 年 4 月，带着满身伤痕和满腔革命热情，钟纬剑回到上海。面对白色恐怖，钟纬剑对妻子说：“共产党人的意志向来就不会改变，只有革命才有生路，即使我牺牲了，革命总是要成功的。”随后，钟纬剑与妻子搬进法租界，在一家书社以翻译书籍做掩护，开展党的地下工作。

1932年3月，正值中央革命根据地反“围剿”时期，钟纬剑主动请缨，告别了妻子和刚满周岁的女儿，奔赴中央苏区。历任中央军事政治学校战术教员、上级干部队队长，第5、第6期步兵团团长，红军大学训练部部长、教育长等职。他军事素质好，计划周密，讲课细致，受到学员的好评，为红军培养了大批军政干部。

1934年10月，钟纬剑参加长征，任红军干部团参谋长、第1野战纵队参谋长、中央军委纵队参谋长。湘桂边界山区的越城岭（别名老山界）海拔2000多米，是中央红军长征路上遇到的第一座高山。叶剑英和钟纬剑率部来到这里，在通过龙胜山区时，遇上敌机轰炸，司令员叶剑英不幸负伤，纵队的指挥任务几乎全落到钟纬剑身上。他凭着智慧和毅力，率领指战员克服重重困难，终于走出了老山界。

1935年年初部队缩编，钟纬剑任红3军团第5师参谋长、红3军团第10团参谋长。同年2月28日，在遵义战役中的老鸦山战斗中，红10团担负守卫主峰阵地任务。敌人的炮弹纵横交加，老鸦山硝烟弥漫、乱石横飞，敌人像蚁群般爬上山来。红10团全体指战员以视死如归的气魄与敌人展开殊死搏斗，战斗持续了五六个小时，仍呈胶着状态。

激战中，红军弹药接济不上。生死关头，钟纬剑身先士卒，跨出战壕，扑向敌群。在他的率领下，战士们气势磅礴地冲出战壕，与敌人拼刺刀，正面搏杀。敌人节节败退，正在红军乘胜追击之时，猛烈的炮火再一次轰炸了老鸦山。钟纬剑腹部中弹，由于失血过多，再也没能醒过来。28岁的年轻生命，永远停留在了老鸦山上。

如今，钟纬剑的家乡醴陵，已将他的英雄事迹编入《醴陵历代名人录》丛书，并通过当地爱国主义教育基地、新华书店、五彩书吧向市民免费发放，让人们永远记住这位革命先驱血染的风采。

古柏
英俊奋发的红军高级指挥员

古柏，1906 年生于江西长宁（后改寻邬，今寻乌）。1925 年 12 月加入中国共产党。中央红军主力长征后，古柏留下坚持斗争，任闽粤赣红军游击纵队司令。1935 年 2 月，被派往赣粤边开展游击战争。3 月 6 日在广东龙川上坪鸳鸯坑被国民党军包围，在掩护同志们突围的战斗中英勇牺牲，年仅 29 岁。

英烈挽歌

吾友古柏，英俊奋发，为国捐躯，殊堪悲悼。

——毛泽东

在江西寻乌县革命烈士纪念馆的核心区域，有一方占地面积 5000 平方米的纪念广场。广场上，一尊铜制塑像在阳光照耀下熠熠生辉，再现了塑像原型昔日领导农民起义时的意气风发。

这里是曾被毛泽东评价为“吾友古柏，英俊奋发”的中国工农红军高级指挥员古柏的纪念广场，1986 年 10 月建成为当地重要的爱国主义教育基地。

古柏，1906 年生于江西长宁（后改寻邬，今寻乌）。1920 年起在广东梅县广益中学读书，并兼任梅县女子师范学校教员，曾参加进步学生运动。1925 年 12 月加入中国共产党。1927 年大革命失败后回家乡组织农民协会，建立中共寻邬支部，开展革命活动。

1928 年 3 月，古柏参加领导寻邬农民起义，建立游击队。1929 年春，中国工农红军第 4 军主力从井冈山向赣南进军到寻邬时，红 4 军一部与当地游击队合编为第 21 纵队，他任政治委员，率部开展游击战争。同年 10 月，中共寻邬县委组建，古柏任书记兼军事委员会主任委员，领导创建寻邬根据地。

1930 年 5 月，古柏协助毛泽东开展寻邬调查，毛泽东在《寻邬调查》中写道：“在全部工作上帮助我组织这个调查的，是寻邬党的书记古柏同志。”此后，古柏调到毛泽东身边工作，先后任中共第 4 军前委秘书长、第一方面军总前委秘书长，全力以赴协助毛泽东工作。

在王明“左”倾冒险主义统治时期，古柏坚定地支持毛泽东的正确主张，因此，与邓小平、毛泽覃、谢唯俊一起受到错误批判。他坚持真理，百折不挠，始终忠实积极地为党工作。

中央红军主力长征后，古柏留下坚持斗争，任闽粤赣红军游击纵队司令。1935 年 2 月，被派往赣粤边开展游击战争。3 月 6 日在广东龙川上坪鸳鸯坑被国民党军包围，在掩护同志们突围的战斗中英勇牺牲，年仅 29 岁。古柏牺牲的噩耗传到延安后，毛泽东亲笔题词：“吾友古柏，英俊奋发，为国捐躯，殊堪悲悼”。

“寻乌县是原中央革命根据地的重要组成部分，这块红土地上的人民在历次革命斗争中做出过巨大牺牲，古柏是其中最杰出的代表。”寻乌县革命烈士纪念馆馆长何荣华说，古柏永远活在故乡人民心中。

为缅怀古柏烈士，继承发扬革命传统，1980 年秋，古柏家乡人民将古柏出生地的乡镇小学命名为“古柏学校”。1984 年，寻乌县革命烈士纪念馆修建古柏烈士纪念碑。

贺昌

经文纬武报家邦

贺昌，1906 年生，山西省离石县柳林镇（今柳林县）人。1921 年 5 月，贺昌与高君宇等共同创建了山西第一个社会主义青年团组织，后任青年团太原地方执委会书记，1923 年转入中国共产党。1934 年中央红军主力长征后，贺昌留在赣南坚持游击战争，任中共中央苏区分局委员、中央军区政治部主任。1935 年 3 月 10 日在江西会昌与国民党军作战中英勇牺牲，年仅 29 岁。

英烈语录

扛罢笔杆再扛枪，经文纬武干一场。

颈血常思敌国溅，寸心久欲报家邦。

——贺昌

山西吕梁自古就是英雄辈出的热土。位于吕梁市柳林县西南的贺昌烈士陵园里，一座纪念碑无声地诉说着英雄的历史。

贺昌，1906 年生，山西省离石县柳林镇（今柳林县）人。1919 年，13 岁的贺昌写下《壮志歌》——“扛罢笔杆再扛枪，经文纬武干一场。颈血常思敌国溅，寸心久欲报家邦。”

1921 年 5 月，贺昌与高君宇等共同创建了山西第一个社会主义青年团组织，后任青年团太原地方执委会书记。1923 年贺昌转入中国共产党，同年夏入上海大学学习。他先后在太原、安源、北京、天津、上海等地从事青年和工人运动，被选为共青团第三、第四届中央委员。期间，贺昌曾为《中国青年》撰写《中国共产主义青年团五年来的奋斗》《青年学生与职工运动》等文章，从理论上阐述了青年运动与工农运动相结合的重大意义。他随后参与组织发动上海工人三次武装起义，是中共江浙区委负责人之一。

1926 年 1 月，贺昌以中国共产主义青年团代表身份，参加了国际共产主义青年团在莫斯科召开的代表大会。

1927 年 7 月中旬，贺昌被指定为中共前敌军委委员，8 月参加南昌起义，后又参加广州起义的组织准备工作。1928 年，贺昌参与重建中共湖南省委，选派干部，输送物资，支援井冈山革命根据地的斗争。他曾被选为中共第五、第六届中央委员。

1929 年夏，贺昌任中共广东省委书记，主管两广及湖南等地党的工作，协助邓小平策划了百色起义。1930 年春，贺昌任中共中央北方局书记。他曾组织唐山兵变和多次武装暴动，均因没有建立巩固的革命根据地，在强敌进攻下失败。次年贺昌到中央苏区，历任中华苏维埃共和国中央革命军事委员会总政治部代主任，中国工农红军总政治部副主任、代主任，红一方面军政治部主任。后参加南雄水口等战役和中央苏区反“围剿”。他重视部队党的建设和政治教育，曾协助王稼祥主持召开红军第一次全国政治工作会议。

1934 年中央红军主力长征后，贺昌留在赣南坚持游击战争，任中共中央苏区分局委员、中央军区政治部主任。为掩护主力转移，他曾亲率一支部队抗击敌人，右腿负伤，仍坚持指挥。后遭敌大举围攻，形势危急，贺昌鼓励大家：“不仅要当胜利时的英雄，也要当困难时的英雄，真正的英雄是在困难中考验出来的。”

1935 年 3 月贺昌率部向粤赣边突围，10 日在江西会昌与国民党军作战中英勇牺牲，年仅 29 岁。

南方三年游击战争的主要领导人陈毅在《哭阮啸仙、贺昌同志》一诗中沉痛地写道：“环顾同志中，阮贺足称贤。阮誉传岭表，贺名播幽燕，审计呕心血，主政见威严。哀哉同突围，独我得生全。”寄托了对贺昌等同志的深切哀思。

1984 年，柳林县人民为纪念贺昌烈士，开始修建贺昌烈士陵园。1987 年，贺昌烈士陵园被列为省级重点文物保护单位。

2015 年，当地政府在陵园内修建贺昌纪念馆、贺昌雕像。如今，贺昌烈士陵园已是山西省爱国主义教育示范基地，每年都有数千人到这里扫墓，缅怀革命先烈。

漫步在柳林县城，“贺昌”元素随处可见，贺昌大街、贺昌中学、贺昌村……贺昌的故居就掩映在贺昌村的一条小巷中。83 岁老人薛维元在这里居住了近 60 年，他告诉笔者，这些年不断有当地政府和文物保护单位前来查看，时常告诉他这里“不能拆，要保护好”。

梁柏台
红色司法开拓者

梁柏台，1899 年 9 月生于浙江新昌新林乡查林村。1920 年冬加入中国社会主义青年团，是我国最早的青年团员之一，1922 年进入莫斯科东方大学学习，同年底转为中国共产党党员。1931 年 11 月 7 日，中华苏维埃第一次全国代表大会在江西瑞金召开。大会通过了梁柏台参与起草的《中华苏维埃共和国宪法大纲》，成为中国共产党领导工农大众制定的第一部红色宪法。中央红军主力长征后，梁柏台留在中央苏区坚持斗争，1935 年 3 月负伤被捕，不久被敌“铲共团”在江西大余杀害，时年 36 岁。

英烈语录

男儿立志出山乡，西湖三杰是我师。

以身许国平生事，何须马革裹尸还。

——梁柏台

“梁柏台烈士是中华苏维埃第一部红色宪法起草者，也是红色政权的反腐先驱，他的事迹在新昌老百姓中广为流传，他的精神鼓舞着家乡干部群众不断奋进。”浙江新昌县新林乡纪委书记柴昊钢说。

梁柏台，1899 年 9 月生于浙江新昌新林乡查林村，1918 年考入浙江省立第一师范学校预科，1920 年冬加入中国社会主义青年团，是我国最早的青年团员之一。

1921 年，梁柏台和刘少奇、任弼时等人先后赴苏联，1922 年进入莫斯科东方大学学习，同年底转为中国共产党党员。

1924 年毕业后，梁柏台被分配到今符拉迪沃斯托克工作。1927 年年底，梁柏台调任伯力（今哈巴罗夫斯克）远东华工指导员，负责远东的华工工作和中国共产党的工作。后被派往伯力省法院担任审判员，从事革命法律研究和司法工作。

1931 年 5 月，新生的苏维埃政权迫切需要自己的法律人才，肩负这一重任，梁柏台秘密回国参加国内革命斗争，9 月到达中央革命根据地。

同年 11 月 7 日，中华苏维埃第一次全国代表大会在江西瑞金召开，梁柏台出席大会，当选大会主席团宪法起草委员会成员。大会通过了梁柏台参与起草的《中华苏维埃共和国宪法大纲》，成为中国共产党领导工农大众制定的第一部红色宪法。

大会前后，梁柏台还参与起草了《中华苏维埃共和国婚姻条例》和《苏维埃政府组织法》等法令。

以毛泽东为主席的中华苏维埃共和国临时中央政府成立后，梁柏台一直从事临时政府的司法工作。他和何叔衡等一起，开展了创立苏维埃司法机关和司法制度的工作，先后历任临时政府司法人民委员部副部长、内务部副部长和代理部长、临时最高法院法庭委员、临时检察长、司法人民委员等职。

在临时政府成立的短短两年多时间里，梁柏台组织制定了《革命法庭条例》《革命法庭的工作大纲》《看守所章程》和《中华苏维埃共和国司法程序》等 10 多部法律法规，为苏维埃政权的法制化建设发挥了重要作用。

同时，梁柏台还亲自参与审理案件，并多次参加重大反腐案件审判。1932 年 5 月，临时最高法庭对瑞金裁判谢步升死刑上诉案开庭复审，梁柏台担任主审，这是苏维埃临时政府成立后惩办的第一个贪污案件，在苏区引起强烈震动。

1934 年 3 月，梁柏台以最高特别法庭临时检察长职务担任公诉人，指控熊仙璧贪污渎职一案，此案被称为“红色中华反贪第一大案”，董必武担任主审，毛泽东、张闻天、项英、刘少奇等人都参加了旁听。

此外，梁柏台还先后担任《红色中华》代理主笔、苏维埃大学委员会委员、中央审计委员等职。他的工作涉及司法、检察、民政、邮电、交通、卫生、教育、宣传和财政等方面，为红色政权建设做出了重要贡献。

1934 年 10 月，中央红军主力长征。梁柏台留在中央苏区坚持斗争，任中共中央分局委员、中华苏维埃共和国中央政府办事处副主任（陈毅为主任）。他领导军民坚壁清野、安置伤员、解决部队给养，妥善处理了大批文件资料。

1935 年 3 月，在突围中梁柏台不幸负伤被捕，不久被敌“铲共团”在江西大余杀害，时年 36 岁。

1991 年以来，新昌县委县政府先后修建了梁柏台烈士纪念碑亭、梁柏台大桥、梁柏台故居和梁柏台雕像，供后人瞻仰纪念。其中，梁柏台故居被列入新昌县文保单位、绍兴市爱国主义教育基地和浙江省青少年法制教育基地。

李翔梧 『为了苏维埃，你们勇敢地前进吧』

李翔梧，1907年8月生，河南省洛宁县人。1924年加入中国社会主义青年团，次年加入中国共产党。1935年3月，部队在江西会昌的天门嶂被敌人包围。突围中，李翔梧身负重伤。紧急关头，他毅然推开身边的战友，坚持留下来掩护部队突围，“同志们，不要管我了，为了苏维埃，你们勇敢地前进吧，中国革命一定会胜利的！”战斗中，李翔梧壮烈牺牲，时年28岁。

英烈语录

同志们，不要管我了，为了苏维埃，你们勇敢地前进吧，中国革命一定会胜利的！

——李翔梧

“每年开学季，我们都会组织学生走进纪念馆，告诉孩子们出自我们家乡的英雄李翔梧是怎样走上革命道路并为之努力奋斗的。”河南省洛宁县底张乡翔梧小学校长韦贝克说。

李翔梧，1907 年 8 月生，河南省洛宁县人。1921 年，考入洛阳河南省立第四师范，1923 年转入开封河南省立第一师范，1924 年加入中国社会主义青年团，次年加入中国共产党。1925 年秋，李翔梧奉党组织派遣到苏联莫斯科中山大学学习。1928 年，经曹靖华夫妇介绍，他与莫斯科中山大学学生、共产党员刘志敏结婚。

1929 年秋天，李翔梧夫妇回国，在上海做党的地下工作。1929 年，李翔梧作为介绍人之一，发展国民党西北军 25 师参谋长张克侠为特别党员。1930 年 4 月，李翔梧奉党中央委派到安庆巡视党的工作。他针对安庆地区党组织存在的问题提出了解决办法，及时纠正了安庆地区某些党组织领导人存在的右倾和“左”倾盲动倾向。

1931 年夏，李翔梧奉命到中央苏区工作。相继担任红 5 军团 40 师政委，13 军政治部主任，14 军政委，红军总政治部敌工部长、宣传部长等职，参加了中央革命根据地的第三至第五次反“围剿”战斗。

1934 年 10 月，中央红军主力长征时，李翔梧留在中央苏区坚持斗争，任中央军区政治部宣传部部长。在异常艰难的战争条件下，他起草了《中共中央给中央分局训令的讨论提纲》《巩固我们的部队》等文件，指导留守部队坚持斗争。

1935 年 3 月，部队在江西会昌的天门嶂被敌人包围。突围中，李翔梧身负重伤。紧急关头，他毅然推开身边的战友，坚持留下来掩护部队突围，“同志们，不要管我了，为了苏维埃，你们勇敢地前进吧，中国革命一定会胜利的！”战斗中，李翔梧壮烈牺牲，时年 28 岁。

为了纪念英雄李翔梧，李翔梧家乡的中高村小学于 1985 年改名为翔梧小学，并于 2017 在翔梧小学旧址之上建成了底张革命老区纪念馆，展现李翔梧等多位革命先烈的丰功伟绩。

据了解，自开馆以来，纪念馆在开展爱国主义教育及廉政教育方面发挥了重要作用，进馆参观的单位、团体和各界人士络绎不绝，2018 年以来来此参观学习的人数已超过 1 万人次。

刘伯坚

我党我军政治工作第一人

刘伯坚，1895 年 1 月生于四川省平昌县。1921 年，他与周恩来、赵世炎、陈延年、李富春、李维汉、聂荣臻等人发起组织旅欧中国少年共产党，1922 年转为中国共产党党员，并曾任中共旅比（利时）支部书记、中共旅欧总支部书记。中央红军主力长征期间，刘伯坚奉命留在中央苏区坚持斗争，任赣南军区政治部主任。1935 年 3 月 4 日，刘伯坚率部队转移突围时，不幸负伤被捕。1935 年 3 月 21 日，刘伯坚壮烈牺牲在江西省大余县金莲山刑场，时年 40 岁。

英烈语录

最重要的诸儿要继续我的志向，为中国民族的解放努力流血，继续我未完成的光荣事业。

——刘伯坚

“弟准备牺牲，生是为中国，死是为中国……十二点快到了，就要上杀场了……”这份字字句句催人泪下的家书，是著名革命烈士刘伯坚在英勇就义前写下的。

刘伯坚，1895 年 1 月生于四川省平昌县。1920 年赴欧洲勤工俭学，这期间他阅读了大量马克思主义的经典著作，认真研究俄国十月革命的经验。1921 年，他与周恩来、赵世炎、陈延年、李富春、李维汉、聂荣臻等人发起组织旅欧中国少年共产党，1922 年转为中国共产党党员，并曾任中共旅比（利时）支部书记、中共旅欧总支部书记。1923 年，刘伯坚进入莫斯科东方劳动者共产主义大学学习，为中共旅莫支部和旅莫共青团负责人。

1926 年刘伯坚回国，遵照中共中央指示，应邀到冯玉祥部任国民军第二集团军（即原西北军）总政治部副部长，推动冯玉祥部接受第一次国共合作的纲领和“联俄、联共、扶助农工”的三大政策，并举行著名的“五原誓师”，配合南方国民革命军进行推翻北洋军阀统治的北伐战争。

大革命失败后，冯玉祥投向国民党蒋介石。刘伯坚被迫离开冯部后，先后从武汉到上海，做党的秘密工作，曾任中共湖北省委组织部长和江苏省委宣传部长等职务。1928 年，再次被党派往苏联，先后在莫斯科军政大学和伏龙芝军事学院学习军事。同年，出席了在莫斯科召开的中共第六次全国代表大会。

1930 年下半年，刘伯坚结束了在苏联的学习，回国后从上海转道江西，到中央革命根据地工作，先后任中央军事政治学校政治部主任、中革军委秘书长、中革军委总政治部宣传部副部长、中华苏维埃共和国中央执行委员会委员，参加了中央革命根据地历次反“围剿”斗争。

1931 年年底，在中革军委领导下，刘伯坚参与国民党第二十六路军宁都起义的组织、策划和联络工作，为宁都起义成功举行做出了重要贡献。随后，他担任由起义部队改编的红五军团政治部主任。按照党中央和中革军委的要求，刘伯坚等在红五军团建立起党的组织，按照红军的建军原则，对部队实施革命的政治教育和多方面的政治工作，使这支起义部队很快成长为红军的一支劲旅。

1934 年 10 月，中央红军主力出发长征，刘伯坚奉命留在中央苏区坚持斗争，任赣南军区政治部主任。1935 年 3 月 4 日，刘伯坚率部队转移突围时，在激烈的战斗中身中数弹，不幸负伤被捕。他在狱中给家人的信中嘱咐妻子和家人：“最重要的诸儿要继续我的志向，为中国民族的解放努力流血，继续我未完成的光荣事业。”

1935 年 3 月 21 日，刘伯坚壮烈牺牲在江西省大余县金莲山刑场，时年 40 岁。刘伯坚牺牲后，毛泽东曾给予高度评价，称其为“我党我军政治工作第一人”。

如今，在平昌县城北佛头山国家 4A 级旅游景区内，矗立着一座 23.55 米高的刘伯坚烈士纪念碑，碑体正面是邓小平亲笔题写的“刘伯坚烈士纪念碑”八个镏金大字。每年都有数十万群众自发前来祭拜，重温刘伯坚的感人事迹。而他曾经贫穷落后的家乡也依托文旅产业的发展，走出了一条加快全面建成小康社会步伐的新路子。

阮啸仙
中共历史上的第一位「审计长」

阮啸仙，1898 年生于广东省河源市，是广东地区青年运动的先驱者之一，是中共早期农民运动的重要领导者。1934 年 1 月，中华苏维埃共和国第二次全国代表大会在瑞金召开，阮啸仙被选为中央执行委员和中央审计委员会主任，成为我党第一任中央审计委员会主任，是人民审计制度的奠基者。1935 年 3 月，阮啸仙率领赣南省党政机关向赣粤边方向突围，至江西信丰牛岭一带时，不幸被流弹击中，壮烈牺牲。

英烈语录

坚忍卓绝为吾人本色，奋斗牺牲是我辈精神。

——阮啸仙

夯土墙身，土木结构，花岗岩门框、门枕、台阶，木构件装饰，外墙四周镶嵌有花岗岩窗框……广东省河源市东源县义合镇下屯村有一座书院，该书院坐西北向东南，建筑占地面积 566 平方米。这就是阮啸仙书院，也是阮啸仙烈士童年学习和生活的地方。

阮啸仙，1898 年生于广东省河源市，是广东地区青年运动的先驱者之一，是中共早期农民运动的重要领导者。

1918 年，阮啸仙考入广东甲种工业学校。在校期间，他开始阅读《新青年》等进步书刊，受到马克思主义的启蒙教育。五四爱国运动爆发后，他与一批进步青年学生组织了广东中等以上学生联合会，担任执行委员，参与领导广州地区的学生运动。

1921 年春，阮啸仙参加广东的共产党早期组织。1922 年从学校毕业后，受广东党组织委派，他负责筹备成立社会主义青年团两广区委员会的工作，被选为团区委书记，成为广东社会主义青年团主要创始人和领导人。

1923 年 6 月，阮啸仙在广州组织“新学生社”，担任该社执行委员会书记。1923 年 8 月，在中国社会主义青年团第二次全国代表大会上，阮啸仙被选为团中央执行委员会候补委员。

第一次国共合作实现后，阮啸仙先后担任中共广东区委农民运动委员会书记、国民党中央农民部组织干事、广东省农民协会执行委员会常务委员、中共中央农民运动委员会委员、中共广东省委委员和农民运动委员会书记，是大革命时期农民运动的重要领导者之一。

1927 年 4 月 27 日，党的五大在武汉举行，阮啸仙被选为中央监察委员会候补委员。1928 年 1 月，中共仁化县委成立，阮啸仙任县委书记。

1928 年 6 月，阮啸仙出席在莫斯科举行的党的第六次全国代表大会，被选为中央审计委员会委员。1930 年，阮啸仙任中共中央北方局委员，河北省委代理书记、省委常委兼组织部长等职。同年底，阮啸仙被调到上海的中央机关工作。

1933 年冬，阮啸仙受党中央派遣来到中央革命根据地。1934 年 1 月，中华苏维埃共和国第二次全国代表大会在瑞金召开，阮啸仙被选为中央执行委员和中央审计委员会主任，成为我党第一任中央审计委员会主任，是人民审计制度的奠基者。

1935 年 3 月，阮啸仙率领赣南省党政机关向赣粤边方向突围，至江西信丰牛岭一带时，不幸被流弹击中，壮烈牺牲。

陈毅为战友的永别写下了《哭阮啸仙、贺昌同志》：“环顾同志中，阮贺足称贤。阮誉传岭表，贺名播幽燕。审计呕心血，主政见威严。哀哉同突围，独我得生全。”

英魂不朽，精神永驻！今天，阮啸仙的家乡东源县义合镇下屯村正在积极创建社会主义新农村，广东省审计厅驻下屯村工作队和下屯村村“两委”对阮啸仙故居、阮啸仙书院等进行新一轮保护和修缮，旨在擦亮“红色审计”和“啸仙故里”的红色文化品牌，发扬其精神，让红色基因代代相传。

毛泽覃

优秀的红军指挥员。

毛泽覃，1905年9月出生在韶山村，是毛泽东和毛泽民的小弟弟。1918年2月，毛泽覃随毛泽东到长沙读书，深受长兄影响。1923年10月，毛泽覃加入中国共产党。1934年10月中央红军主力长征后，毛泽覃留下坚持游击战争，任中共中央苏区分局委员、红军独立师师长、闽赣军区司令员。在极端艰苦的条件下，毛泽覃率部转战于闽赣边界的崇山峻岭，风餐露宿于山谷密林，不断寻找战机打击敌人，1935年4月26日在江西瑞金红林山区被国民党军包围，为掩护游击队员脱险，英勇牺牲，时年29岁。

英烈挽歌

我的弟弟是个坚定的共产主义战士。

——毛泽东

初秋，在位于韶山的毛泽东纪念馆里，来自全国各地的群众驻足在毛泽覃烈士的遗物前，深切缅怀为了民族复兴事业而奋斗、牺牲的英烈。

毛泽覃，1905 年 9 月出生在韶山村，是毛泽东和毛泽民的小弟弟。1918 年 2 月，毛泽覃随毛泽东到长沙读书，深受长兄影响。1923 年春，毛泽覃由党组织派遣，到常宁秘密从事工人运动，任工人俱乐部教育股委员兼工人学校教员。同年 10 月，毛泽覃加入中国共产党。

1925 年年秋，毛泽覃赴广州，曾在黄埔军校政治部和广东区委工作，后到武汉国民革命军第 4 军政治部任书记。1927 年 8 月，毛泽覃参加南昌起义，任起义军第 11 军 25 师政治部宣传科科长，后随朱德、陈毅转战闽粤赣湘边。1927 年冬天，毛泽覃被派赴井冈山与毛泽东联络。

1928 年年初，毛泽覃任遂川县游击大队党代表。在他的积极联络下，1928 年 4 月下旬，朱德、陈毅率领南昌起义保存下来的部队和湘南起义军与毛泽东率领的秋收起义部队在井冈山胜利会师。这次历史性的会师成为我党我军历史上光辉的一页。同年 5 月，毛泽覃任中国工农红军第 4 军 31 团 3 营党代表，参加了龙源口等战斗。

经受战争实践的锻炼，毛泽覃很快成长为红军的一名优秀指挥员，1930 年 1 月任红 6 军（后改称为红 3 军）政治部主任，曾代理军政治委员。同年 10 月，毛泽覃任中共吉安县委书记、红军驻吉安办事处主任。1931 年 6 月，毛泽覃任中共永（丰）吉（安）泰（和）特委书记兼红军独立 5 师政治委员，1932 年任中共苏区中央局秘书长。期间，毛泽覃与邓小平等一起，同王明的“左”倾错误进行了坚决斗争。由于卓有战功，毛泽覃曾获一枚二级红星奖章。

1934年10月中央红军主力长征后，毛泽覃留下坚持游击战争，任中共中央苏区分局委员、红军独立师师长、闽赣军区司令员。在极端艰苦的条件下，毛泽覃率部转战于闽赣边界的崇山峻岭，风餐露宿于山谷密林，不断寻找战机打击敌人，1935年4月26日在江西瑞金红林山区被国民党军包围，为掩护游击队员脱险，英勇牺牲，时年29岁。他是毛泽东一家为中国革命献出宝贵生命的第3位亲人。

湖南省湘潭市地方史志研究学者何歌劲说："毛泽覃面对革命满怀一腔似火的热情。他的革命人生虽然很短，却给家乡后人留下了非常珍贵的精神财富。他对革命坚忍不拔的信念激励着家乡父老乡亲。"

刘志敏
宁死不屈的巾帼英雄

刘志敏，1904 年 7 月出生于河南罗山县，1926 年加入中国共产党。1934 年 12 月底，刘志敏在棠地（今属宁化县水茜乡）战斗中被俘。在狱中，面对敌人的严刑拷打，她大义凛然，宁死不屈。1935 年 6 月，刘志敏在漳州城西门外刑场，英勇就义，时年 31 岁。

英烈语录

不管敌人耍什么花招，动什么酷刑，我们都要顶住，敌人是一时得逞，最后胜利是属于我们的。

——刘志敏

在大别山革命老区河南省罗山县的烈士陵园里，巾帼英雄刘志敏宁死不屈的英勇事迹镌刻在这里，每年都会有无数人前来缅怀、纪念。

刘志敏，1904 年 7 月出生于河南罗山县。7 岁进入私塾读书。后入县立女子高等小学。1922 年考入开封河南省立女子中学学习。她阅读《共产党宣言》《向导》《苏联十月革命研究》等书刊，逐步接受了马列主义，坚定了革命的信念。1926 年加入中国共产党。受国民党汉口特别市党部委派，以战区农运特派员的身份，在信阳县从事农民运动的宣传工作。同时，担任共青团的支部书记，秘密从事学生和妇女工作。

1927 年七一五反革命政变后，刘志敏被捕入狱，后经党组织多方营救出狱。同年秋，经上海赴苏联莫斯科中山大学学习。1928 年，经曹靖华夫妇介绍，与同在莫斯科中山大学学习的共产党员李翔梧结婚。

1929 年秋天，刘志敏和丈夫李翔梧回国，在上海做党的地下工作。1931 年夏，李翔梧夫妇奉命到中央革命根据地工作。刘志敏先后任中共建宁中心县委常委、妇女部长，闽赣省军区政治部组织部长，闽赣省委常委、妇女部长等职。

1934 年 10 月中央红军主力长征后，刘志敏奉命留在中央革命根据地。在险恶的环境中，以顽强的革命意志、旺盛的革命热情，和其他同志一道坚持着革命斗争。

1934 年 12 月底，刘志敏在棠地（今属宁化县水茜乡）战斗中被俘，先被关在福建宁化监狱，后被押到漳州绥靖公署监狱。在狱中，面对敌人的严刑拷打，她大义凛然，宁死不屈，率领同监战友开展斗争达半年之久。

1935 年 6 月，刘志敏在漳州城西门外刑场，英勇就义，时年 31 岁。

现在，刘志敏烈士的大部分资料保留在李翔梧老家河南洛宁县的底张革命老区纪念馆，这座纪念馆位于洛宁县中高村小学。为了纪念李翔梧的英雄事迹，这座小学 1985 年改名为翔梧小学。自开馆以来，李翔梧纪念馆在开展爱国主义教育及廉政教育方面发挥了重要作用，进馆参观的单位、团体和各界人士络绎不绝，2018 年以来来此参观学习的人数已超过 1 万人次。

瞿秋白
中国共产党早期领导人之一

瞿秋白，中国共产党早期领导人之一，伟大的马克思主义者，杰出的无产阶级革命家、理论家和宣传家，是中国革命文学事业奠基人之一。1899年1月出生在江苏常州。1921年5月，经张太雷介绍，瞿秋白在莫斯科加入联共（布）党组织，1922年2月转为中国共产党党员。1923年1月，瞿秋白回国后担任《新青年》等刊物主编。中央红军长征后，他留在南方坚持游击战争，任中共苏区中央分局宣传部部长。1935年2月在福建长汀被国民党军逮捕。6月18日，他坦然走向刑场，饮弹洒血，从容就义，时年36岁。

英烈挽歌

在革命困难的年月里坚持了英雄的立场，宁愿向刽子手的屠刀走去，不愿屈服。他的这种为人民工作的精神，这种临难不屈的意志和他在文字中保存下来的思想，将永远活着，不会死去。

——毛泽东

1935 年 6 月 18 日，福建长汀，瞿秋白唱着《国际歌》《红军歌》，高呼着“中国共产党万岁”、“共产主义万岁”等口号，坦然走向刑场。到达刑场后，他盘膝而坐，微笑着对刽子手点头说：“此地甚好。”

瞿秋白，中国共产党早期领导人之一，伟大的马克思主义者，杰出的无产阶级革命家、理论家和宣传家，是中国革命文学事业奠基人之一。1899 年 1 月出生在江苏常州。1917 年考入北京俄文专修馆学习。1920 年以《晨报》特约记者身份赴苏俄采访，先后撰写多篇通讯，对苏俄的政治、经济、外交、工人组织、党的建设等做了系统阐述。

1921 年 5 月，经张太雷介绍，瞿秋白在莫斯科加入联共（布）党组织，1922 年 2 月转为中国共产党党员。1923 年 1 月，瞿秋白回国后担任《新青年》等刊物主编，发表大量政论文章，运用马克思主义分析中国国情，考察中国社会状况，论证中国革命问题，为党的思想理论建设做出开创性贡献。

从 1925 年 1 月，瞿秋白在党的四大上，当选为中央委员、中央局委员。后来，在党的五大、六大，他均当选为中央委员和中央政治局委员，成为中国共产党的重要领导人之一。

1927 年 8 月，在大革命失败的历史关头，瞿秋白主持召开了中共中央紧急会议，即八七会议，确立了土地革命和武装反抗国民党反动派的总方针，为挽救党和革命做出重要贡献。会后，他担任中共中央临时政治局委员、常委、主席，主持党中央工作。

1931 年 1 月，瞿秋白遭受王明“左”倾错误路线迫害，被解除中央领导职务。但他并没有因困难而退缩，到了白色恐怖笼罩的上海，和鲁迅并肩战斗，一起领导左翼文化运动。

1934 年 2 月，瞿秋白到达中央革命根据地瑞金，任中华苏维埃共和国中央执委会委员、人民教育委员会委员、中华苏维埃共和国中央政府教育部部长等职。中央红军长征后，他留在南方坚持游击战争，任中共苏区中央分局宣传部部长。1935 年 2 月在福建长汀被国民党军逮捕。敌人得知他的身份后，采取各种手段对他利诱劝降，但都被他严词拒绝。6 月 18 日，他坦然走向刑场，饮弹洒血，从容就义，时年 36 岁。

瞿秋白已逝去多年，但他的信仰与理想、责任与担当，都留在历史的注脚里。位于他的家乡江苏常州的瞿秋白纪念馆由故居和纪念馆两部分组成，故居原为瞿氏宗祠，纪念馆则陈列《瞿秋白生平事迹展》，通过实物、图片、多媒体等方式全面、科学地展示瞿秋白革命、光辉的一生。作为“全国爱国主义教育示范基地”，每年约有 20 万人到此参观，学习烈士精神。

“瞿秋白在其短暂的一生，为中国革命事业做出了巨大贡献。”瞿秋白纪念馆副馆长唐茹玉说，他从青年时代起，就立志“为大家辟一条光明的路”。从此披荆斩棘，艰苦探索，为大众的事业贡献出全部精力和心血，做了许多开创性、奠基性工作。

唐茹玉介绍说，为迎接瞿秋白 120 周年诞辰，瞿秋白纪念馆以突出红色基因、创新传播方式等进行展陈提升。

聂耳
中国新音乐的先驱者

聂耳，原名聂守信，1912年2月出生于云南昆明市。1928年加入中国共产主义青年团。1933年年初，聂耳由田汉介绍加入中国共产党。1935年，聂耳为电影《风云儿女》创作主题歌《义勇军进行曲》。1982年12月，中华人民共和国第五届全国人民代表大会第五次全体会议确定《义勇军进行曲》为中华人民共和国国歌。1935年7月17日，聂耳在日本神奈川县藤泽市鹄沼海滨游泳时，不幸溺水身亡，年仅23岁。

英烈挽歌

他是天才的音乐家，又是革命者。

——郭沫若

在云南玉溪市红塔区北门街 3 号的聂耳故居，房檐上依稀可见百年前的浮雕图案。在这座古朴清净的小院里，聂耳曾在此学习、歌唱、生活。

“起来，不愿做奴隶的人们……”“啦啦啦，啦啦啦，我是卖报的小行家……”在聂耳故居，当这些耳熟能详的旋律响起，每一个参观者心中都会荡漾起特殊的情感。这些从革命年代就开始传唱的“红色经典”至今不朽。因为这些歌曲，人们记住了聂耳这个名字。

聂耳，原名聂守信，1912 年 2 月出生于云南昆明市。1927 年考入云南省立第一师范学校。1928 年加入中国共产主义青年团。1930 年到上海，参加反帝大同盟，并积极投身中国共产党领导下的革命文艺活动。

1931 年 4 月，聂耳考入明月歌剧社，正式开始了他的艺术生涯。1932 年上海一·二八抗战爆发后，全国人民抗日救亡风起云涌，此时，聂耳结识了共产党员、戏剧家田汉。在党组织的培养和教育下，思想觉悟不断提高。1932 年年赴北平参加革命音乐活动，不久回到上海发起组织中国新兴音乐研究会。1933 年年初，聂耳由田汉介绍加入中国共产党。从此，聂耳不仅获得了新的政治生命，艺术才华也得到了进一步的发挥，成为中国新音乐的开路先锋和反法西斯的勇士。在此后的两年中，聂耳为歌剧、话剧和电影谱写了《新女性》《开路先锋》《大路歌》《前进歌》《毕业歌》《铁蹄下的歌女》等主题歌和插曲 30 多首，在全国广为传唱，对激发民众的抗日救亡运动起了积极作用。他所编写的《金蛇狂舞》《翠湖春晓》《山国情侣》等乐曲，深受人们喜爱。

1935 年，聂耳为电影《风云儿女》所作主题歌《义勇军进行曲》，反映了在民族危亡时，中华民族万众一心、团结御侮、奋勇抗争、一往无前的伟大的爱国主义精神，激发了中国人民与日本侵略者血战到底的英勇气概。这首作品一经诞生，立即就像插上了翅膀，在祖国大地上到处被传唱，奏响了挽救民族危机的时代最强音。1949 年 9 月，中国人民政治协商会议第一届全体会议确定《义勇军进行曲》为代国歌。1982 年 12 月，中华人民共和国第五届全国人民代表大会第五次全体会议确定《义勇军进行曲》为中华人民共和国国歌。

由于聂耳所谱写的大量歌曲反映了人民的心声，成为鼓舞人民、教育人民、打击敌人的有力武器和战斗号角，因而引起了反动当局对他的仇恨而要逮捕聂耳。聂耳按照党组织的决定离开上海，取道日本赴苏联。1935 年 7 月 17 日，聂耳在日本神奈川县藤泽市鹄沼海滨游泳时，不幸溺水身亡，年仅 23 岁。

曾中生

中国工农红军杰出指挥员

曾中生，1900 年出生于湖南兴宁县（今资兴市）。1925 年考入黄埔军校第 4 期，同年加入中国共产党。1931 年 2 月，曾中生任中共鄂豫皖特委书记和军委主席。1933 年 9 月，曾中生被张国焘以“右派首领”等罪名逮捕并长期监禁。1935 年 8 月被秘密杀害于四川西北部的卓克基，时年 35 岁。1945 年在党的七大上，党中央为曾中生平反昭雪。

英烈挽歌

能文能武，智勇双全。

——徐向前

从湖南省资兴市城区出发，沿着弯弯曲曲的山间公路一路向东，车行约一个半小时就到了州门司镇春牛村，这里便是中国工农红军杰出指挥员、军事家曾中生的家乡。

进入村口不远，与村部大楼相对，一栋坐落在稻田边的湘南民居格外引人注目。在这栋两层六间土砖木结构的房子里，曾中生度过了他的童年和少年时光，然后外出求学，走上革命道路。

曾中生，1900 年出生于湖南兴宁县（今资兴市）。1925 年考入黄埔军校第 4 期，同年加入中国共产党。

1926 年，曾中生参加北伐战争，在国民革命军第 8 军前敌指挥部政治部任组织科科长。1927 年 9 月赴苏联，入莫斯科中山大学学习。1928 年冬回国，先后任中共中央军事部参谋科科长、中共南京市委书记、中共中央军事委员会委员、武装工农部部长。

1930 年 9 月，曾中生以中共中央特派员身份被派到鄂豫皖苏区，在国民党军队对鄂豫皖苏区发动第一次“围剿”的危急时刻，他果断地组成中共鄂豫皖临时特委和临时革命军事委员会，统一指挥反“围剿”斗争并取得了胜利。

1931 年 2 月，曾中生任中共鄂豫皖特委书记和军委主席。他指挥磨角楼、新集、双桥镇等战斗取得胜利，挫败了国民党军队的第二次“围剿”。同年 4 月，他任中共鄂豫皖中央分局委员和军委副主席、第 4 军政治委员，与军长徐向前率部南下作战，连克英山、蕲水、罗田、广济等县城，相继取得漕河镇、洗马畈等战斗的胜利。他率部参加第四次反“围剿”，在七里坪战斗中负伤。

1932 年 10 月，曾中生随红四方面军主力撤离鄂豫皖苏区，12 月任西北革命军事委员会参谋长，参加创建川陕苏区的斗争。在此期间，他虽处境艰难，仍致力于加强部队军事训练，注重军事理论研究，系统地总结红四方面军反“围剿”作战经验。

1933 年 9 月，曾中生被张国焘以“右派首领”等罪名逮捕并长期监禁。1935 年 8 月被秘密杀害于四川西北部的卓克基，时年 35 岁。1945 年在党的七大上，党中央为曾中生平反昭雪。

距离曾中生牺牲已经 80 多年，但党和人民并没有忘记这位从大山中走出的革命先烈。曾中生的故居几经修缮，已经成为省级文保单位和当地党员教育示范基地；春牛村村部新建的“革命事迹陈列室”，也不时吸引着当地村民和党员干部前来瞻仰、学习。

“可以告慰先烈的是，曾中生当年为之奋斗的目标，在一辈辈资兴干部群众的努力下正在实现，资兴的面貌也已经发生了翻天覆地的变化，人民生活水平得到显著提高。”资兴市委书记黄峥嵘介绍，近些年，资兴全市经济社会发展保持稳中向好态势，已连续多年位居湖南经济强县前列，并成功创建国家园林城市，荣获“中国美丽乡村建设示范县”等荣誉。

方志敏
为了可爱的中国

方志敏，1899 年 8 月出生，江西省弋阳县人。1922 年 8 月加入中国社会主义青年团。1924 年 3 月转入中国共产党。1934 年 11 月底，方志敏奉命率红军北上抗日先遣队北上，任红 10 军团军政委员会主席。至皖南遭国民党军重兵围追堵截，艰苦奋战两月余，被 7 倍于己的敌军围困。他带领先头部队奋战脱险，但为接应后续部队，复入重围，终因寡不敌众，于 1935 年 1 月在江西玉山陇首村被俘。在狱中，面对敌人的严刑和诱降，方志敏正气凛然、坚贞不屈。1935 年 8 月 6 日，方志敏在江西南昌下沙窝英勇就义，时年 36 岁。

英烈语录

我是常常这样想着，假使能使中国民族得到解放，那我又何惜于我这一条蚁命！

——方志敏

84年前，在江西南昌国民党军法处看守所阴森的牢狱里，方志敏写下的《可爱的中国》，洋溢着无法阻挡的阳光与希冀。如今，那所监狱所在的南昌市叠山路，已成为市中心的一条繁华街道，商场、学校、银行，车水马龙，川流不息。而今日之中国，正如烈士当年笔下所愿，“到处都是活跃的创造，到处都是日新月异的进步……”

“我父亲毕生都在为一个可爱的中国而奋斗。长期的革命斗争使他坚信，只有在中国共产党的领导下，中国才能站起来、富起来、强起来。”方志敏的女儿方梅说。

在最后的日子里，方志敏把对党、对祖国、对人民的爱，化成了血铸的13万文字。如今，《可爱的中国》手稿的影印件和《清贫》手稿的复制件被收藏在位于江西弋阳县的方志敏纪念馆二楼。

方志敏，1899年8月出生，江西省弋阳县人。1922年8月加入中国社会主义青年团。1924年3月转入中国共产党。第一次国共合作期间，他先后任国民党江西省党部执行委员兼农民部部长、中共江西区委工委书记、中共江西省农民协会秘书长。1925年冬，被党组织派回家乡开展农民运动。1927年3月到达武汉，当选为中华全国农民协会临时委员会执行委员。

大革命失败后，方志敏任中共弋阳、横峰等五县工作委员会书记兼武装起义总指挥，弋、横、德中心县委书记，江西省委委员。1928年1月与邵式平、黄道等领导弋横起义，创建赣东北革命根据地，领导组建中国工农红军第10军。先后任赣东北省、闽浙赣省苏维埃政府主席，红10军、红11军政治委员，中共闽浙赣省委书记。他把马克思主义普遍真理与赣东北实际相结合，创造了一整套建党、建军和建立红色政权的经验，毛泽东称之为“方志敏式”的根据地。

1934 年 11 月底，方志敏奉命率红军北上抗日先遣队北上，任红 10 军团军政委员会主席。至皖南遭国民党军重兵围追堵截，艰苦奋战两月余，被 7 倍于己的敌军围困。他带领先头部队奋战脱险，但为接应后续部队，复入重围，终因寡不敌众，于 1935 年 1 月在江西玉山陇首村被俘。被俘那天，国民党士兵搜遍方志敏全身，除了一块怀表和一支钢笔，没有一文钱。诚如方志敏所说：“清贫，洁白朴素的生活，正是我们革命者能够战胜许多困难的地方。”在狱中，面对敌人的严刑和诱降，方志敏正气凛然、坚贞不屈。

1935 年 8 月 6 日，方志敏在江西南昌下沙窝英勇就义，时年 36 岁。

“今天品读方志敏的狱中绝笔，依然能收获一份沉甸甸的感动，其文字中体现出来的‘爱国、创造、清贫、奉献’价值观极具现实意义。作为方志敏精神的宣讲者，我感觉责任重大。”上饶市方志敏纪念馆闽浙皖赣革命根据地旧址管委会党支部书记梁霜红说，2018 年上半年，包括方志敏纪念馆在内的 15 处旧址群累计接待观众 87 万人次，许多观众在参观时被感动得流泪。

在方志敏家乡弋阳县，宣传、弘扬、践行方志敏精神已和社会经济发展、精神文明建设紧密结合在一起。

正如方志敏烈士当年所愿，他曾经流血的地方终开出了圣洁的花朵。

刘畴西

威震敌胆的『独臂将军』

刘畴西，1897 年生，湖南长沙望城人。1920 年考入湖南省立第一师范学校，同年冬加入中国社会主义青年团，1922 年夏转入中国共产党。1925 年，刘畴西在参加讨伐陈炯明的东征中负重伤，截去左臂。1935 年 8 月 6 日，刘畴西在江西南昌英勇就义，时年 38 岁。

英烈语录

脖子伸硬些，挨它一刀，临难无苟免！

——刘畴西

从长沙城出发，沿着湘江西岸北行40多公里，就到了刘畴西的家乡——长沙市望城区靖港镇芦江社区。这一带交通便捷，环境十分幽雅，刘畴西的故事仍在当地老百姓中口耳相传。

刘畴西，1897年生，湖南长沙望城人。1920年考入湖南省立第一师范学校，同年冬加入中国社会主义青年团，1922年夏转入中国共产党。1924年5月考入黄埔军校第1期，曾参加平定广州商团叛乱。同年11月毕业后，任教导1团3连党代表。

1925年，刘畴西在参加讨伐陈炯明的东征中负重伤，截去左臂。1927年夏任国民革命军第11军24师参谋，参加南昌起义，后任营长、团参谋长。1929年年初赴苏联，入伏龙芝军事学院学习。1930年8月回国，被派往中央革命根据地。

1930年冬，在第一次反“围剿”作战中，红一方面军在龙冈设伏，担任正面阻击任务的红3军第8师师长龙芝道阵亡，红军总部立即命令刘畴西接替指挥。刘畴西率红8师于东韶拦腰截住敌人，对保证战斗胜利起了重要作用。红军总部表彰红8师“追如猛虎，守如泰山”。后率部参加第二、第三次反“围剿”。刘畴西英勇善战，指挥若定，屡建奇功，被中央根据地人民誉为威震敌胆的“独臂将军”。

不久，刘畴西调任瑞金中央军事政治学校政治部主任，为红军培养了大批军政干部。1932年7月调任红21军军长，率部转战闽赣边区，开展游击战争，配合中央根据地第四次反“围剿”作战。

1933年，刘畴西任闽浙赣军区司令员兼红军新编第10军军长，闽浙赣苏维埃政府执行委员，率领闽浙赣根据地军民全力支援中央根据地的第五次反“围剿”斗争。曾被选为中华苏维埃共和国中央执行委员，曾获中革军委授予的二等红星奖章。

1934 年 7 月，中央决定由寻淮洲率领的红 7 军团组成北上抗日先遣队。11 月，红 7 军团与刘畴西、方志敏率领的红 10 军会师，两军合编为红 10 军团，仍作为北上抗日先遣队，刘畴西任军团长兼第 20 师师长。

同年 12 月，红 10 军团在浙赣边界的怀玉山区被国民党军包围。刘畴西率部反复冲杀，浴血苦战，仅有的右臂又被敌人打伤，终未能突出重围，于 1935 年 1 月被俘。狱中他坚贞不屈，同敌人进行了坚决的斗争。他对难友们说：“脖子伸硬些，挨它一刀，临难无苟免！”

1935 年 8 月 6 日，刘畴西在江西南昌英勇就义，时年 38 岁。新中国成立后，长沙县人民政府给刘畴西的遗孀送去了“伟大英烈”的金匾。

刘畴西的侄孙刘建国曾任原靖港镇金星村（后合并为芦江社区）党支部书记，见证了刘畴西家乡沧桑巨变。

他告诉笔者，刘畴西牺牲已经 80 多年了，如今家乡百姓生活富足安康。随着靖港古镇旅游业的开发，当地经济社会发展来势很好，老百姓日子越过越红火。

吴焕先

鄂豫陕苏区创建人

吴焕先，1907 年出生于湖北省黄安县紫云区四角曹门村（今河南省新县箭厂河乡竹林村）。1925 年加入中国共产党。1935 年 8 月 21 日，红 25 军在甘肃泾川四坡村附近南渡汭河时遭国民党军突然袭击。吴焕先在指挥部队抢占制高点的战斗中，不幸中弹，壮烈牺牲，年仅 28 岁。

英烈挽歌

红 25 军远征为中国革命立了大功，吴焕先功不可没！

——毛泽东

1935 年 8 月，中国工农红军杰出指挥员、红 25 军政委吴焕先在战斗中牺牲，年仅 28 岁。如今，位于河南新县的吴焕先故居已成为大别山干部学院的党性教育示范基地，每年有超过 10 万人来这里接受红色教育。

吴焕先，1907 年出生于湖北省黄安县紫云区四角曹门村（今河南省新县箭厂河乡竹林村）。1923 年考入麻城乙种蚕业学校，开始接受革命思想。1925 年加入中国共产党。后回家乡组织农民协会，建立农民武装。他一家六口惨遭国民党地方民团杀害。

1927 年 11 月，吴焕先率紫云区农民武装参加黄麻起义。后带领部分武装在黄麻地区和光山县南部坚持武装斗争，为开辟以柴山保为中心的鄂豫边苏区创造了条件。后任鄂豫边革命委员会土地委员会主席、中共鄂豫皖特委委员、黄安县委书记、中国工农红军第 4 军 12 师政治部主任、红四方面军第 25 军 73 师政治委员。参加了鄂豫皖苏区历次反“围剿”。

1932 年 10 月，红四方面军主力离开苏区后，吴焕先任鄂东北游击总司令部总司令，参与领导重建第 25 军，任军长。在国民党军重兵划区“清剿”、苏区大部丧失的严峻形势下，指挥部队连续取得郭家河、潘家河、杨泗寨等战斗的胜利。1934 年 4 月，第 25、第 28 军合编为第 25 军后，吴焕先任政治委员。

1934 年 11 月奉中共中央指示，吴焕先率部进行长征，战胜敌人的围追堵截，进入陕西南部秦岭山区，广泛发动群众，建立民主政权，组织地方武装和发展红军主力，开展游击战争，领导开辟了鄂豫陕苏区，先后任中共鄂豫陕省委副书记、代理书记。

1935 年 7 月，吴焕先率部西进，接应中共中央和红军北上。同年 8 月

21 日，红 25 军在甘肃泾川四坡村附近南渡汭河时遭国民党军突然袭击。吴焕先在指挥部队抢占制高点的战斗中，不幸中弹，壮烈牺牲，年仅 28 岁。随后，红 25 军在军长徐海东、政治委员程子华率领下于 9 月与陕北红军会师，10 月中共中央和中央红军主力长征到达陕北后不久，毛泽东表彰红 25 军为中国革命立下了大功。

为了纪念吴焕先烈士，1961 年，当地政府对竹林村小学进行了修复，并将其命名为“焕先小学”。“每年清明节或重要节日，都会组织学生参观吴焕先烈士的故居，学习他的先进事迹，传承革命精神。”焕先小学校长叶嵩说。

在竹林村，除了吴焕先烈士的故居外，当年他创立的党小组办公旧址和农民协会旧址也保存了下来，整个竹林村成了新县开展红色教育的重要基地。2017 年，前来参观吴焕先故居的游客达到了 13 万人次。

郝清玉

『革命到底』的优秀党员

郝清玉，1904年出生于河北省正定县。1924年冬加入中国共产党，1931年3月，郝清玉奉调回中共顺直省委工作，由于叛徒出卖，同年4月被捕。1935年9月病逝于监狱，年仅31岁。

英烈语录

要我叛党做不到！你们对日妥协投降，对内反人民，应该反省，我是革命到底，无过可悔！

——郝清玉

在石家庄市高新区赵村，有一座时常被人们祭扫的烈士陵园，这里安葬着一位令人十分崇敬的优秀共产党员——郝清玉。

郝清玉，1904 年出生于河北省正定县。1918 年到北平做制鞋工人。1924 年冬加入中国共产党，并在裕华鞋庄建立了正定县第一个工人运动党支部。

1926 年 1 月，根据中共北方区委指示，中共正定地方委员会成立，郝清玉担任地委委员，在当地努力发展党员，建立党的组织，宣传党的革命思想，扩大党的影响。1925 年五卅惨案后，郝清玉等领导成立“正定各界沪案后援会”。1927 年 6 月，和尹玉峰等领导正定农民暴动，打击了军阀的气焰，培养锻炼了正定党的干部。

1928 年春，郝清玉奉调天津，担任中共顺直省委委员兼省委农运部长。同年 12 月，在周恩来主持下，中共北方区党代表会议召开，会议改组了顺直省委，郝清玉当选为省委常委兼农委书记。在十二月会议后的一年多时间里，郝清玉曾主持中共顺直省委的工作，为巩固和发展顺直省和北方地区党的工作做出了贡献。

1930 年夏，郝清玉以省委常委和巡视员的身份，调任中共保定特委书记。在大革命失败后白色恐怖极其严重的形势下，郝清玉从实际出发，坚持用正确的斗争策略，加强特委对党的地下斗争的领导，最大限度地减少了党的损失，较好地保存了党的力量。同时，在时机较为有利时，坚决组织和领导了保定地区博野、蠡县等地的武装暴动，不仅有力地响应了党在全国各地的武装斗争，而且使这一地区的革命力量得到了锻炼和加强，扩大了党的影响。

1931年3月，郝清玉奉调回中共顺直省委工作，由于叛徒出卖，同年4月被捕。面对敌人的严刑拷打和威逼利诱，郝清玉威武不屈，表现出了中国共产党人坚定的革命信念和崇高的革命气节。6月，郝清玉被敌人从天津押往“北平军人反省分院”（即草岚子监狱）。在狱中党支部的领导下，郝清玉和战友们团结战斗，挫败了敌人一次又一次逼供诱降的阴谋。

当敌人告诉郝清玉只要在所谓“反共启事”上按个手印就可以重获自由时，他斩钉截铁地回答敌人说：“要我叛党做不到！你们对日妥协投降，对内反人民，应该反省，我是革命到底，无过可悔！”

由于长期艰苦的斗争环境和监狱恶劣的生活条件，郝清玉身患重病得不到及时医治，于1935年9月病逝于监狱，年仅31岁。

正定县史志办主任韩永生说，郝清玉的一生，是革命的一生、战斗的一生，他是值得我们永远怀念的革命先烈。我们要铭记革命烈士为国家解放和民族富强而牺牲的精神，学习革命烈士顽强不屈的崇高品质，珍惜今天来之不易的幸福生活。

林青
愿将满腔热血 换来幸福人间

林青，原名李远方，又名李肃如，1911 年出生于贵州省毕节县。1931 年加入中国共产党。1935 年 9 月 11 日，敌人将林青押赴刑场。行刑前，林青高呼“打倒国民党反动派”、“中国共产党万岁”等口号，高唱《国际歌》，大义凛然，从容面对死亡。凶残的敌人为阻止他，竟然用刺刀刺进他的口中……林青英勇就义，年仅 24 岁。

英烈语录

寒流耀武扬威，傲然苍松何惧？愿将满腔热血，化作淅沥春雨！

——林青

在贵州省贵阳市环城北路一处绿树成荫的地方，一块刻着“革命烈士永垂不朽”的长方形石碑立在其中，其背后的山岩下矗立着题写有“林青同志就义处”的一方石刻，显得庄严肃穆。每逢清明时节，都有政府机关、企事业单位人员以及普通市民自发前来献花祭扫，以缅怀革命先烈林青同志。

林青，原名李远方，又名李肃如，1911 年出生于贵州省毕节县。因家境贫寒，早年在一家商号当学徒。1927 年考入西南美术专科学校。1929 年加入中国共产主义青年团。1930 年来到上海，在沪东团区委工作。1931 年加入中国共产党。

1932 年，林青被英租界巡捕房逮捕。1933 年，出狱后返回家乡毕节，投身于抗日救亡运动中，并在斗争中发展进步青年入党。1934 年 1 月，林青等人在毕节建立了党支部，并担任党支部书记，这是党在贵州建立的第一个支部。

林青在毕节的抗日救亡活动，积极而有成效。他将进步青年组织起来，成立宣传革命的群众团体——毕节草原艺术研究社，以文艺的方式推动抗日救亡运动的发展。林青的活动引起了反动军阀仇视。1934 年夏，林青等人被迫离开毕节，到贵阳和安顺继续进行革命活动。

1935 年元月，中央红军长征到达遵义。林青闻讯来到遵义，找到了中央地方工作部部长李维汉，汇报了贵州党的组织情况和工作情况。

李维汉代表中央肯定了贵州地下党的工作，并指示林青等人组成中共贵州省工作委员会，林青任书记兼遵义县委书记。不久，贵州地下党组织通过秘密工作搞到敌人的军用地图和密电码簿，交给了中央特派员潘汉年，为红军长征做出了贡献。同时，林青又将从遵义带回的红军战报秘密传阅，并利用刊物宣传红军、宣传抗日。

同年 7 月 19 日，林青不幸被捕。在狱中，敌人先以高官厚禄收买他，妄图彻底破坏贵州地下党组织，被林青坚决拒绝。敌人又对他施以各种酷刑和死亡威胁，妄图撬开他的嘴。面对穷凶极恶的敌人，林青坚贞不屈、义无反顾地面对死亡。

1935 年 9 月 11 日，敌人将林青押赴刑场。行刑前，林青高呼“打倒国民党反动派”、“中国共产党万岁”等口号，高唱《国际歌》，大义凛然，从容面对死亡。凶残的敌人为阻止他，竟然用刺刀刺进他的口中……林青英勇就义，年仅 24 岁。

“不忘初心，牢记使命。在林青同志身上体现得淋漓尽致，在艰苦年代，他始终不忘将革命的火种遍撒贵州，为红军长征等做出了贡献。”贵州省委党史研究室宣教处副处长陈莹莹说。

黄甦
英勇无畏的红军虎将

黄甦，广东佛山人。早年在香港做工，积极投身工人运动。1925 年参加省港大罢工，同年 10 月加入中国共产党。1927 年参加广州起义，任工人赤卫队敢死队队长，起义失败后转移到香港，继续从事工人运动。1930 年 12 月奉命到闽南苏区，参加了中央苏区反“围剿”。在中共六届四中全会上被补选为中央委员。曾两次被选为中华苏维埃共和国中央执行委员。1934 年 9 月任红 8 军团政治委员兼 21 师政治委员。后率部参加长征。1935 年，在向国民党军发起总攻时英勇牺牲，年仅 27 岁。

英烈语录

我们党还在，红军还在，跟着党跟着红军，我们一定能战胜困难，战胜敌人。

——黄甦

陕西省延安市富县的直罗烈士陵园，安葬着一位英勇无畏的红军虎将，他就是在直罗镇战役中牺牲的中共中央委员、红军高级指挥员黄甦。

黄甦，1908 年出生于佛山市禅城区一个粤剧艺人家庭。早年在香港做工，积极投身工人运动。1925 年参加省港大罢工。他走街串巷，动员群众参加罢工斗争。罢工开始后，任纠察队第九支队队长。他率领队员巡逻海岸，封锁港口，缉拿私运，严惩走狗，在尖锐复杂的斗争中经受了锻炼和考验。同年 10 月加入中国共产党。后任模范纠察队队长。

1927 年 12 月，黄甦参加广州起义，任工人赤卫队敢死队队长，带队同敌人战斗到最后一刻。起义失败后，他转移到香港，继续从事工人运动，先后任香港摩托车职工总会书记、中共香港市委组织部长、中共广东省委常委兼军委委员。

1930 年 12 月，黄甦奉命离开香港到闽西革命根据地，历任中国工农红军闽西新红 12 军政委、第 34 师政委、第 1 军团第 1 师政委。参加了中央革命根据地反“围剿”战斗。在中共六届四中全会上被补选为中央委员。曾两次被选为中华苏维埃共和国中央执行委员会委员。1934 年 9 月任红 8 军团政治委员兼 21 师政治委员。面对第五次反“围剿”失利后部队情绪低沉的情况，他鼓励大家：“我们党还在，红军还在，跟着党跟着红军，我们一定能战胜困难，战胜敌人。”后率部参加长征。1935 年 1 月复任红 1 军团第 1 师政治委员，与师长李聚奎率部参加强渡乌江、攻占遵义、四渡赤水、强渡大渡河和策应第 2 师 4 团夺占泸定桥等战役战斗。为中央红军胜利完成长征做出了重要贡献。

1935 年 9 月，红一、红三军团编为中国工农红军陕甘支队，黄甦先后任陕甘支队 2 大队政委、5 大队政委。11 月 7 日，红一方面军到达陕甘根据地的中心瓦窑堡后，立即组织反击国民党军队对陕甘根据地的“围剿”，决定于 11 月 20 日在直罗镇发起歼灭战。此时，已被中革军委任命为陕南第 73 师政委的黄甦，主动请求参加这一战役。11 月 21 日拂晓，黄甦率部队向敌军重兵踞守的要害部位猛烈进攻，敌军踞要地顽抗，双方逐山进行争夺，黄甦在率部夺取山头时不幸中弹牺牲，年仅 27 岁。毛泽东在总结这次战役时说，我们时刻准备牺牲，我们的牺牲是换得全国全世界工农的解放。黄甦同志是中央委员，他的牺牲是有意义的。

如今，黄甦烈士的家乡佛山市禅城区已发生翻天覆地的变化。2017 年禅城区获评全国综合实力百强区第 18 名，全国创新创业百强区第 17 名。

蔡会文

铁骨丹心的著名红军将领

蔡会文，1908年11月出生于攸县凉江乡山田村（今攸县莲塘坳镇山田村）。1926年3月加入中国共产主义青年团，同年夏转为中国共产党党员。1936年年初，蔡会文在率部转战途中与国民党军遭遇，伤重被俘，牺牲时年仅28岁。

英烈语录

料峭春寒融，强敌跟踪，夜行山谷月朦胧。林密坑深惊敌胆，莫辩西东，血染遍山红。士气豪雄，餐风饮露志如虹，倦卧茅丛石作枕，若醉春风！

——蔡会文《突围行军记事》

湖南攸县莲塘坳镇凉江社区，青山苍翠中，坐落着一所乡村小学。在这个曾命名为“会文中学”的二楼，有一个简单而庄重的烈士纪念馆。“精忠报国”“功耀千秋”“智勇双全”……墙上一面面红色的锦旗，寄托着当地人民对英烈蔡会文的追思。

蔡会文，1908 年 11 月出生于攸县凉江乡山田村（今攸县莲塘坳镇山田村）。1925 年考入长沙长郡中学，参加爱国学生运动，开始接受马克思主义。1926 年 3 月加入中国共产主义青年团，同年夏转为中国共产党党员。

1927 年 2 月，蔡会文被选入省总工会和省农民协会合办的工农自卫军干部训练队学习，马日事变后遭通缉转往武汉，7 月入武昌国民革命军第二方面军总指挥部警卫团，任第 1 营 1 连党代表。同年 9 月参加湘赣边秋收起义，任工农革命军第一军 1 师 1 团 1 营 1 连党代表，随部队上井冈山，参加开辟井冈山革命根据地的斗争。后任中国工农红军第四军第 31 团机枪连党代表、教导队党代表。

1929 年 2 月，蔡会文率部随红 4 军转战赣南闽西，不久升任红 4 军第 3 总队第 1 支队政委。同年 12 月，出席古田会议。1930 年 8 月任红 1 军团第 3 军政委，与军长黄公略率部参加中央革命根据地第一、第二、第三次反“围剿”，第 3 军在第一次反“围剿”中活捉张辉瓒，毛泽东曾赋诗赞扬。

1932 年 1 月，蔡会文任江西军区政治部主任，同年 10 月，任湘赣省军区总指挥、总政委兼红 8 军政委。同时任中共湘赣省委执行委员。1933

年春，蔡会文与军长萧克指挥红八军参加湘赣革命根据地第四次反“围剿”作战，连战连捷。同年 6 月，任红六军团 17 师政委。1934 年任粤赣军区司令员，10 月中央红军主力长征前，被任命为赣南省委委员、省军区司令员，与项英、陈毅一起留在中央苏区坚持斗争。

1936 年年初，蔡会文在率部转战途中与国民党军遭遇，陷入重围，突围时身中数弹，伤重被俘。敌人妄图从重伤的蔡会文口中得到党和游击队的重要情报，但遭到他的坚决拒绝和拼死抗争。敌人残忍地割断他的喉管，将他杀害。这位优秀的红军将领壮烈牺牲，年仅 28 岁。

“蔡会文是一位功勋卓著的红军优秀指挥员，为创建我党农村革命根据地、建设革命武装部队、粉碎敌人反革命‘围剿’做出了重大贡献。”攸县县委党史办 1986 年编印的《蔡会文烈士永垂不朽》一文如此记载。

如今，蔡会文的家乡山田村已发生巨变，风景如画，人民生活幸福。“爷爷革命时，抛弃了一切，但给我们留下了铁骨丹心的革命精神。”蔡会文侄孙蔡志敏说。

冀云程

『威武不屈，富贵不淫』

冀云程，原名冀步青，1910 年出生于山西平遥县。1931 年加入中国共产党。1936 年 3 月 3 日，冀云程不幸被捕，被关押在太原警备司令部军法处。3 月 26 日，反动军警将他押往太原大南门外刑场。赴刑场途中，冀云程面无惧色，高呼“打倒日本帝国主义”“打倒汉奸、卖国贼”“中国共产党万岁”等口号，英勇就义，年仅 26 岁。

英烈语录

打倒日本帝国主义！打倒汉奸、卖国贼！中国共产党万岁！

——冀云程

山西省平遥县一个名叫北营村的村庄，时值金秋，田间一望无际的玉米正在加速成熟，村内的巷子里停着各式新款的小汽车。这里就是英烈冀云程的故乡。

冀云程，原名冀步青，1910 年出生于山西平遥县。1927 年考入北平中国大学。大学期间，他开始阅读马克思主义著作和党的刊物，参加了中国共产党领导的“抗日反帝大同盟”等党的外围组织。1931 年加入中国共产党。

1933 年 5 月，冀云程受党指派在共产党员吉鸿昌领导的抗日同盟军中做政治工作。6 月，随同盟军主力北上抗击日寇，在部队中进行抗日宣传鼓动，并参加了收复多伦市的战斗。抗日同盟军失败后，回到太原，负责革命互济会工作，掩护和营救地下党同志和爱国进步青年，恢复和重建地下党组织。

中共山西工委改组后，冀云程按照党组织的指示和要求，与其他党员一起打入阎锡山的“中国青年救国团”和“建设救国社”，利用合法身份开展工作。他还推动太原国民师范学校的校长在太原创办了《乡村小学教育周刊》，并担任该刊主编，宣传共产党的抗日主张和抗日民族统一战线政策，动员民众投身抗日斗争。

1936 年 2 月，中共中央为推动全面抗战，决定长征到达陕北的红一方面军以中国人民抗日先锋军的名义进行东征，东渡黄河进入山西，挺进抗日前线。山西地方军阀阎锡山十分恐慌，发布反共法令，悬赏缉拿共产党员，太原笼罩在一片白色恐怖之中。冀云程临危不惧，把朱宝善、赖若愚等地下党组织的负责同志转移出城，自己坚守岗位。

1936年3月3日，冀云程不幸被捕，被关押在太原警备司令部军法处。敌人先用高官厚禄引诱他，眼见无效又对他施以各种酷刑，但他始终坚贞不屈，同敌人的法西斯暴行进行了坚决斗争，表现了一个共产党员坚强的意志品质。

3月26日，反动军警将他押往太原大南门外刑场。赴刑场途中，冀云程面无惧色，高呼“打倒日本帝国主义”“打倒汉奸、卖国贼”“中国共产党万岁”等口号，冀云程英勇就义，年仅26岁。

“革命战争年代，以冀云程为代表的北营村人积极投身革命，威武不屈，富贵不淫，出了多位烈士。新中国成立后北营村是交公粮的先进村。改革开放后村民在党组织的带领下，不等不靠，自主经商致富。我们有一种信念，如果不能把自己的日子过好，就对不起先烈的付出；如果我们不能把先烈的精神继承、发扬好，就对不起先烈流的血。”村党支部原书记王秉福说，“我们现在所做的一切都是希望更多的后生们永远记住这个道理。”

刘志丹
群众领袖、民族英雄

刘志丹，1903 年 10 月出生于陕西省保安县（今志丹县）金汤镇。1924 年冬加入中国社会主义青年团。1925 年春转为中国共产党党员。1936 年 3 月，刘志丹率红 28 军参加东征战役，挺进晋西北，迭克敌军。4 月 14 日在中阳县三交镇战斗中亲临前线侦察敌情，不幸左胸中弹，壮烈牺牲，年仅 33 岁。

英烈挽歌

上下五千年，英雄万万千，人民的英雄，要数刘志丹。

——周恩来

“父亲去世时，他的皮包里只有 6 支香烟、半截铅笔。他没有给我们留下任何财物，他干革命后家也被敌人抄了。但是，他留下了最珍贵的精神遗产，就是全心全意为国为民的思想，密切联系群众，一切从实际出发的作风，还有他忍辱负重、顾全大局的高贵品德。”英烈刘志丹的女儿刘力贞在纪念父亲百岁诞辰的文章中如是说。

刘志丹，1903 年 10 月出生于陕西省保安县（今志丹县）金汤镇。1922 年考入榆林中学。1924 年冬加入中国社会主义青年团。1925 年春转为中国共产党党员。同年冬受党指派入黄埔军校第四期学习。1926 年秋从黄埔军校毕业后，参加北伐战争。

1927 年大革命失败后，刘志丹担任中共陕西省委秘密交通工作。1928 年 4 月，参与领导渭华起义，任西北工农革命军军事委员会主席。同年秋，任中共陕北特委军事委员会书记，在陕甘边从事兵运工作。

1931 年 10 月，刘志丹与谢子长等组建西北反帝同盟军，任副总指挥。后改编为中国工农红军陕甘边游击队，刘志丹任总指挥，开辟以照金、南梁为中心的陕甘边革命根据地。此后，相继任陕甘边红军临时指挥部副总指挥兼参谋长、红 26 军 42 师师长、中共陕甘边军事委员会主席、西北革命军事委员会主席，把陕北、陕甘边两块苏区连成一片，成为中共中央和各路北上抗日红军长征之后的落脚点。

1935 年 9 月，刘志丹任红 15 军团副军团长兼参谋长，参与指挥劳山战役。后任北路军总指挥兼第 28 军军长、中共中央所在地瓦窑堡警备司令。他经常教育部队顾全大局，绝对服从中共中央的领导和调遣。在他的影响下，陕北红军与中央红军团结一致，共同对敌。周恩来说：“刘志丹同志对党忠贞不贰，很谦虚，最守纪律，他是一个真正具有共产主义品质的党员。”

1936年3月，刘志丹率红28军参加东征战役，挺进晋西北，迭克敌军。4月14日在中阳县三交镇战斗中亲临前线侦察敌情，不幸左胸中弹，壮烈牺牲，年仅33岁。为纪念他，中共中央和陕甘宁边区政府决定将保安县改名为志丹县。

1940年，中共中央指示西北局和陕甘宁边区政府在刘志丹家乡修建烈士陵园。1942年，刘志丹牺牲6周年时，毛泽东同志为他题词：“我到陕北只和刘志丹同志见过一面，就知道他是一个很好的共产党员。他的英勇牺牲，出于意外，但他的忠心耿耿为党为国的精神永远留在党与人民中间，不会磨灭的。”1943年，党中央和陕甘宁边区人民在志丹县为刘志丹举行隆重的公葬典礼，毛泽东再次为他题词：“群众领袖、民族英雄。”周恩来题词：“上下五千年，英雄万万千，人民的英雄，要数刘志丹。”

2017年3月，位于延安市志丹县的刘志丹烈士陵园被命名为全国爱国主义教育示范基地。每年清明节和烈士纪念日，都会有大批党员干部、群众和学生前来缅怀先烈，重温历史。

李学忠
烈火淬炼真男儿

李学忠，又名李宗学，1910年出生在山东掖县。早年到东北谋生。后在吉林等地从事革命活动。1931年九一八事变后赴苏联学习，并加入中国共产党。1936年3月，东北人民革命军第2军改编为东北抗日联军第2军，李学忠任政治部主任。同年8月，他率部到辽宁省抚松县大碱场兵工厂开展工作，突遭日军“讨伐队”袭击。李学忠指挥部队奋勇反击，激战中，李学忠身负重伤牺牲，年仅26岁。

英烈语录

我们要同日本帝国主义进行坚决的斗争，就要团结各族人民的力量，只有把广大人民团结起来一起抗日，才能把日本侵略者赶出去。这是我们党的政治主张，这个主张到任何时候都不能变……

——李学忠

李学忠，又名李宗学，1910 年出生在山东掖县。早年到东北谋生。后在吉林等地从事革命活动。1931 年九一八事变后赴苏联学习，并加入中国共产党。

1936 年 3 月，东北人民革命军第 2 军改编为东北抗日联军第 2 军，李学忠任政治部主任。同年 8 月，他率部到辽宁省抚松县大碱场兵工厂开展工作，突遭日军“讨伐队”袭击。李学忠指挥部队奋勇反击，激战中，李学忠身负重伤牺牲，年仅 26 岁。

87 年前，日本军国主义悍然发动九一八事变，占领我国东北地区。为了拯救民族危亡，无数仁人志士前仆后继。东北抗日联军第 2 军政治部主任李学忠，就是其中的一个。

李学忠，又名李宗学，1910 年出生在山东掖县。早年到东北谋生。后在吉林等地从事革命活动。1931 年九一八事变后赴苏联学习，并加入中国共产党。

1934 年冬，李学忠回国赴东满地区工作。1935 年 5 月 30 日，东北人民革命军第 2 军正式成立，王德泰任军长，魏拯民任政治委员，李学忠任政治部主任。在李学忠的主持下，第 2 军政治部发表了《告民众书》和《告各反日部队书》，号召广大群众和人民革命军等抗日武装联合起来，开展各种形式的反日斗争，打倒日本帝国主义，完成抗日救国的伟大任务。

此时的抗日武装根据地，斗争形势十分严峻。自 5 月起，日寇便调集重兵对根据地进行大规模的封锁与扫荡。为打破敌军的封锁，集聚更多抗日力量，成立不久的第 2 军开始西征。李学忠主动请缨，率领两个连 150 余人组成远征队，希望打通与杨靖宇的东北人民革命军第 1 军联系。经过艰苦跋涉与多次血战，10 月初李学忠的远征队在濛江那尔轰与杨靖宇部胜利会师。东满、南满两大游击区，由此有了紧密的联系。这为东北抗日联军第一路军和南满省委的成立，打下良好的基础。

1936 年 3 月，东北人民革命军第 2 军改编为东北抗日联军第 2 军，李学忠任政治部主任。同年 8 月，他率部到辽宁省抚松县大碱场兵工厂开展工作，突遭日军“讨伐队”袭击。李学忠指挥部队奋勇反击，激战中，李学忠身负重伤牺牲，年仅 26 岁。

战争的硝烟散去多年，曾经满目疮痍的土地早已花团锦簇，但人们没有忘记那些为之奋斗却无缘得见的烈士们。1985 年 7 月，中国抗日战争胜利 40 周年，抚松县人民政府在一片青松翠柏环绕的向阳坡地上，为李学忠树立了一座纪念墓碑。时至今日，这里已成为当地的红色教育基地。

李学忠的故乡，早已变换了模样。当年的掖县，已成为今天的烟台莱州市。近年来，英雄故里民生事业获得长足进步，在烟台率先实现了义务教育校服免费、免除职业学校学费、普及农村小学校车服务等。地区生产总值先后突破 600 亿元、700 亿元关口，目前正全力打造市强民富、宜居文明的新莱州。

赵一曼

白山黑水除敌寇
甘将热血沃中华

赵一曼，原名李坤泰，1905 年 10 月 25 日出生在四川宜宾的一个地主家庭。1923 年冬，赵一曼加入中国社会主义青年团。1926 年夏加入中国共产党。1935 年秋，赵一曼任东北抗日联军第 3 军 1 师 2 团政治委员。11 月间，第 2 团被日伪军围困于一座山间。赵一曼为掩护部队突围，身负重伤，养伤期间被日军发现，战斗中再度负伤，昏迷被俘。1936 年 8 月 2 日，赵一曼壮烈牺牲，年仅 31 岁。

英烈语录

宁儿啊！赶快成人，来安慰你地下的母亲！我最亲爱的孩子啊！母亲不用千言万语来教育你，就用实行来教育你。在你长大成人之后，希望不要忘记你的母亲是为国牺牲的！

——赵一曼

赵一曼和儿子陈掖贤的合影及陈掖贤手抄的母亲遗书（新华社记者 曾涛 摄）

2018年9月17日晚，大型话剧《赵一曼》在宜宾学院上演，现场500多名烈士故乡的师生们无不为烈士的英雄事迹所感动。

这部由四川省宜宾市、叙州区（原宜宾县）与四川人民艺术剧院联合创作的大型话剧，历时五年精心打磨，于2016年8月在成都首演，至今已在北京、上海、黑龙江和四川省内演出70多场。

赵一曼，原名李坤泰，1905年10月25日出生在四川宜宾的一个地主家庭。五四运动爆发后，赵一曼开始阅读《向导》《新青年》《妇女周报》等革命书刊，接受革命新思想。1923年冬，赵一曼加入中国社会主义青年团。1926年夏加入中国共产党。同年11月，她进入武汉中央军事政治学校学习。

1927年9月，赵一曼前往苏联莫斯科中山大学学习。次年回国后，在宜昌、南昌和上海等地秘密开展党的工作。

1931年九一八事变后，赵一曼被派往东北地区发动抗日斗争。她先后任满洲总工会秘书、组织部长，中共滨江省珠河县中心县委特派员、铁北区委书记，领导工人进行罢工运动，组织青年农民反日游击队与敌人进行斗争。她能文能武，机智过人。为了启发工人、妇女觉悟，她不时创作一些文艺作品在地下刊物上发表。

1935年秋，赵一曼任东北抗日联军第3军1师2团政治委员。11月间，第2团被日伪军围困于一座山间。赵一曼为掩护部队突围，身负重伤，养伤期间被日军发现，战斗中再度负伤，昏迷被俘。

被俘期间，日军对赵一曼施以酷刑，用钢针刺伤口，用烧红的烙铁烙皮肉，逼其招供。她宁死不屈，严词痛斥日军侵略罪行。为了得到口供，日军将她送进医院监护治疗。在医院里，她积极宣传抗日救国的道理，教育争取看护和看守人员。1936年6月28日，赵一曼在医院看护和看守帮助下逃出医院，但很快被追敌再度抓捕，受到更加残酷的刑讯。

1936年8月2日，赵一曼被押上去珠河的火车。她知道最后的时刻到了。在这最后的时刻，她给心爱的儿子写下遗书："宁儿啊！赶快成人，来安慰你地下的母亲！我最亲爱的孩子啊！母亲不用千言万语来教育你，就用实行来教育你。在你长大成人之后，希望不要忘记你的母亲是为国牺牲的！"临刑前，她高唱《红旗歌》，"民众的旗，血红的旗，收殓着战士的尸体，尸体还没有僵硬，鲜血已染红了旗帜……"她高呼："打倒日本帝国主义！""中国共产党万岁！"壮烈牺牲，年仅31岁。

为纪念赵一曼，哈尔滨的一条主要街道命名为一曼大街。在她的故乡宜宾市建有赵一曼故居、赵一曼纪念馆等。

王复生

勇于为理想献身的共产党员

王复生，原名王濡廷，1896年9月出生于云南省祥云县。1917年考入北京大学文科预科班。1920年11月，李大钊建立北京社会主义青年团，王复生是第一批入团的团员之一。1921年秋转为中国共产党党员。1936年6月，日军在东北地区实行“大检举”、大搜捕，大肆逮捕抗日爱国人士，疯狂镇压抗日力量，王复生不幸被日军宪兵队逮捕。1936年8月15日，王复生在齐齐哈尔北门外江坝被日军杀害，时年40岁。

英烈语录

不要为我难过，革命总要流血的，但是血不会白流的！

——王复生

“王复生是云南籍第一位共产党员。他是一个为理想而献身的革命者，是云南人民的优秀儿子。”云南省祥云县“红色传承”教育基地管理中心主任王锦琼介绍烈士王复生的事迹时，总是满怀深情。

王复生，原名王濡廷，1896 年 9 月出生于云南省祥云县。1917 年考入北京大学文科预科班。受五四运动和新文化思想的熏陶，王复生开始接受马克思主义。1920 年 3 月，在李大钊的指导下，王复生与邓中夏等 19 人发起成立了中国第一个马克思主义研究团体——北京大学马克思学说研究会，在北京等地积极宣传介绍马克思主义，开展工人运动和学生运动。

1920 年 11 月，李大钊建立北京社会主义青年团，王复生是第一批入团的团员之一。1921 年秋转为中国共产党党员。

在宣传马克思主义的同时，王复生还参加了李大钊、邓中夏等领导的早期北方工人运动。1921 年秋，王复生受党组织派遣先后到陕西华县、绥德和广州等地建立党的组织，宣传马克思主义。与此同时，王复生引领自己的两个弟弟王德三、王馨廷先后走上革命道路。

1926 年 4 月，王复生被党组织派往广州，在国民革命军政治部工作。5 月，在国共合作的形势下，受党组织派遣，王复生回云南主持建立了以共产党员和国民党左派为骨干的国民党云南省临时党部，积极配合中共云南地方组织开展革命运动。“四一二”反革命政变后，王复生遭军阀逮捕，后被营救出狱。

1928 年 6 月，王复生按照党中央指示前往东北，在哈尔滨和齐齐哈尔等地开展革命活动。“九一八”事变后，日本帝国主义侵占我国东北，王复生遵照党组织的安排，在齐齐哈尔、讷河、黑河一带，开展抗日统一战线工作，组织抗日活动，帮助解决抗日义勇军马占山部的粮食和武器供应问题。同时，利用各种社会关系开展抗日宣传，积极发展党员，恢复建立党的组织。

1936 年 6 月，日军在东北地区实行“大检举”、大搜捕，大肆逮捕抗日爱国人士，疯狂镇压抗日力量，王复生不幸被日军宪兵队逮捕。日寇对王复生进行了残酷的刑讯逼供，胸骨、肋骨、腿骨全都被打断，逼他说出党组织和抗日活动情况，但王复生视死如归，始终严守党的机密。1936 年 8 月 15 日，王复生在齐齐哈尔北门外江坝被日军杀害，时年 40 岁。

为了党和人民的事业，王复生奔走于云南、北京、陕西和黑龙江等地。面对酷刑，他严守党的机密，展现了共产党人的浩然正气和宁为玉碎，不为瓦全的铮铮铁骨，保持了共产党人宁死不屈、视死如归的自我牺牲精神。

武胡景
天地能知忠烈心

武胡景，原名武怀让，1899 年出生于河南孟县。1923 年加入中国社会主义青年团，不久转为中国共产党党员。1935 年，武胡景奉党中央之命赴莫斯科学习，并出席共产国际第七次代表大会，被选为共产国际监察委员会委员。1936 年，在苏联肃反期间，因反对王明、康生的错误，武胡景受到诬陷迫害牺牲，时年 37 岁。

英烈语录

中华男儿应醒悟，国将倾颓是谁扶。

——武胡景

在河南省孟州市烈士陵园的武胡景纪念馆，武胡景烈士的英勇事迹就镌刻在这里。“每年清明，我们家族的人都会走进纪念馆，纪念、缅怀武胡景烈士，让小辈感受他为国捐躯的英勇气节。”武胡景的侄孙武跃进说。

武胡景，1899 年出生于河南孟县。1921 年夏考入唐山交通大学预科，1923 年加入中国社会主义青年团，不久转为中国共产党党员。1924 年 4 月，任唐山社会主义青年团地委书记。同年夏，受中共中央选派赴苏联莫斯科东方大学学习，先后任中国社会主义青年团旅莫支部书记和中共旅莫支部书记。

1928 年秋，根据党中央指示，武胡景回国到山东工作，先后任中共淄博特委书记、中共青岛特支书记，同年 12 月任中共青岛市委组织部部长。

1929 年年初，由于叛徒出卖，山东党组织遭到严重破坏。2 月，党中央调武胡景赴济南主持中共山东省委的重建和组织整顿工作。4 月武胡景不幸被捕，在敌人没有了解其真实身份时，他与邓恩铭、杨一辰等人建立了狱中党组织，共同领导狱中斗争，并于 4 月和 7 月组织了两次越狱行动，杨一辰和武胡景等 6 位同志先后成功越狱。脱险后，武胡景等赴上海，向党中央汇报了狱中斗争情况和越狱经过，党中央对他们的行动给予了高度评价。

1930 年 1 月，党中央委派武胡景赴顺直省委工作，任唐山市委书记。7 月，调任中共天津市委书记。1931 年 1 月，出席中共六届四中全会，会后受中央委派，到东北传达全会精神，整顿东北党组织。2 月，任中共北满特委书记兼哈尔滨市委书记。1932 年 1 月，党中央调武胡景到上海任“临时中央”军事部部长，1933 年 1 月任上海中央执行局军委书记，1934

年春任中央保卫部部长，参与领导白区党的秘密斗争和情报工作。1934 年 10 月，上海中央执行局遭到严重破坏，武胡景主持组成中共上海“临时中央”执行局，担任代理书记，在极端困难的条件下，领导恢复党的地下组织，开展秘密斗争。

1935 年，武胡景奉党中央之命赴莫斯科学习，并出席共产国际第七次代表大会，被选为共产国际监察委员会委员。1936 年，在苏联肃反期间，因反对王明、康生的错误，武胡景受到诬陷迫害牺牲，时年 37 岁。1953 年，苏共中央为武胡景平反。1957 年，中共中央追认武胡景为革命烈士。

“历史不会忘记那些为国捐躯的英烈所做出的牺牲，我们武氏后人更不会忘记武胡景这位传奇的革命先驱。他把年仅 37 岁的生命永远留在了异国他乡的土地上。作为武胡景烈士的后人，他的事迹也将永远激励我们不懈奋斗。”武跃进说。

罗南辉
喋血长征的青年将军

罗南辉，1908年出生于四川省成都市西郊一个农民家庭，1926年进入川军江防军第7混成旅当兵，1927年秘密加入中国共产党，在所在部队从事兵运工作。1936年10月，为掩护红四方面军与红一方面军会师，罗南辉奉命率红5军担任后卫，在甘肃会宁华家岭一带阻击敌人。10月23日在会宁县中川乡大墩梁遭敌机轰炸，罗南辉壮烈牺牲，年仅28岁。

英烈挽歌

南辉同志是红军中的一位优秀指挥员，他的牺牲是我军的一大损失。

——徐向前

在甘肃省会宁县中川乡的大墩梁一座普通的山岗上，长眠着800余名红军指战员，年仅28岁的副军长罗南辉是那场阻击战中牺牲的红军最高将领。如今，苍松翠柏掩映下的红军烈士纪念碑，正默默诉说着82年前那段悲壮赞歌。

罗南辉，1908年出生于四川省成都市西郊一个农民家庭，早年曾在水烟铺做工。1926年进入川军江防军第7混成旅当兵。1927年秘密加入中国共产党，在所在部队从事兵运工作。他团结教育下层士兵，组织成立“士兵联合会”，同反动军官做斗争。1929年6月参加第7混成旅旅长邝继勋等领导的遂宁县射洪嘴起义，任起义军营长。后被党组织派往川军江防军第2混成旅继续做兵运工作。1930年10月参与领导该旅一部在汉州（今广汉）举行武装起义，任警卫大队长。

1930年底，罗南辉赴四川万县任中共川东特委军委书记，不久因叛徒告密被捕。他在狱中立场坚定，机智巧妙地同敌人进行斗争，始终未暴露身份。出狱后，任中共四川省委除奸小组组长，领导该小组处决了一批叛徒、特务，保卫了党组织的安全。

1932年罗南辉任中共南充中心县委军委书记，同年11月参与发动和领导南部县升（钟寺）保（城）农民起义。后奉派到川军第29军做兵运工作，1933年春率该军1个连起义，参加红四方面军。同年10月任新成立的红33军副军长，率部参加了川陕苏区反“六路围攻”。他担任前线指挥，率部连续打退敌人二十余次轮番进攻，歼敌四个团，俘敌近两千，取得红33军成立后的首战胜利。后指挥所部清剿川陕边反动武装“神兵”的作战，取得五战五捷、歼敌5000余人的重大胜利，有力保卫了后方的安全。

1935年罗南辉参加长征，曾率部担负筹粮任务。在人烟稀少的藏民地区，他严格执行党的民族政策，积极开展群众工作，走村串户，收集、购买粮食，最大限度地保证了部队的需要。同年11月，红33军与红5军团合编为红5军，他任副军长。后在甘肃通渭指挥作战中负伤。1936年10月，为掩护红四方面军与红一方面军会师，罗南辉奉命率红5军担任后卫，他躺在担架上指挥作战，在甘肃会宁华家岭一带阻击敌人。10月23日在会宁县中川乡大墩梁遭敌机轰炸，罗南辉壮烈牺牲，年仅28岁。红四方面军总指挥徐向前闻讯后悲痛不已，他流着眼泪说："南辉同志是红军中的一位优秀指挥员，他的牺牲是我军的一大损失。"

为了铭记先烈的英雄业绩，1986年10月，会宁县人民政府在大墩梁烈士陵团修建了大墩梁红军烈士纪念碑。1996年10月，会宁县人民政府对大墩梁烈士陵园又进行了全面维修、扩建，并在罗南辉墓前新立墓碑一座，以表达对这位红军优秀指挥员的深切怀念。

王德泰
威震『东满』的虎威将军

王德泰，原名王铭山。1907 年出生于奉天省盖平县（今辽宁省营口市大石桥市）一个贫苦农民家庭。1931 年九一八事变后，积极参加抗日活动。同年加入中国共产党，担任延吉县反帝同盟组织部部长。1932 年春，王德泰受党组织派遣，到延吉县三道湾做争取山林队“长江好”的工作。后任延吉游击队小队长、中队长、大队参谋长等职。1934 年 3 月，任东北人民革命军第二军独立师政委。不久任中共东满特委委员、军事部长。1935 年 3 月，改任独立师师长。1936 年 11 月，王德泰在抚松小汤河战斗中不幸中弹，壮烈牺牲，时年 29 岁。

英烈语录

人心齐，泰山移，组织起来力量大，不愁鬼子打不跑！

——王德泰

从吉林省白山市江源区北部的羊脸山脚，拾级而上登至山腰，一座高10米、身形伟岸的王德泰将军雕像便出现在视野中。将军深邃的目光眺望远方，四周山林肃穆、松涛澎湃。

王德泰，原名王铭山。1907年出生于奉天省盖平县（今辽宁省营口市大石桥市）一个贫苦农民家庭。1926年到吉林省延吉县茶条沟谋生。1931年九一八事变后，积极参加抗日活动。同年加入中国共产党，担任延吉县反帝同盟组织部部长。

1932年春，王德泰受党组织派遣，到延吉县三道湾做争取山林队“长江好”的工作。后任延吉游击队小队长、中队长、大队参谋长等职。1934年3月，任东北人民革命军第二军独立师政委。不久任中共东满特委委员、军事部长。1935年3月，改任独立师师长。曾指挥所部取得攻打安图县城等战斗的胜利。与中共东满特委书记童长荣等，领导创建了东满抗日游击根据地。因作战勇猛，冲锋在前，被群众称为“东满一只虎”。

1935年5月，王德泰任东北人民革命军第2军军长。同政委魏拯民指挥主力，向绥宁、敦（化）额（穆）和蒙江地区远征，打通了与第1、第5军的联系，促进了东南满和吉东地区抗日武装的联合作战。

1936年3月，王德泰任东北抗联第2军军长。同年7月，抗联第1、第2军组成抗联第一路军，王德泰任东北抗联第一路军副总司令兼第2军军长。并当选为中共南满省委委员。率部开辟长白、临江等新游击区。

1936年11月，王德泰在抚松小汤河战斗中不幸中弹，壮烈牺牲，时年29岁。1982年10月，浑江市人民政府在王德泰的殉难地，为烈士修建了墓地，墓碑上镌刻着“抗联第二军军长王德泰将军之墓”。1995年9月，吉林省江源县（现为白山市江源区）人民政府为王德泰修建了烈士陵园，塑立了王德泰将军塑像。

“在王德泰的身上，集中体现了共产党人和东北抗联将士坚定的信仰信念、高尚的爱国情操和大无畏的牺牲精神，这些精神具有超越时空的永恒价值。”江源区委党史研究室副主任龙志刚说。如今，每年都有来自全国各地的学生、老百姓来到烈士陵园缅怀革命烈士。英雄精神，永存不灭。

夏云杰 赤胆忠心 捐躯为国

夏云杰，又名夏云阶，1903 年出生在山东沂水四十里堡镇金场村，1932 年 11 月加入中国共产党。1936 年 1 月，夏云杰所部编为东北人民革命军第 6 军，他担任军长，9 月任东北抗日联军第 6 军军长。同年 11 月 21 日，在为筹集给养与装备时，夏云杰在汤原丁大千屯遭伪治安队袭击，身负重伤，26 日壮烈牺牲，时年 33 岁。

十四年抗战，东北三省涌现出一大批可歌可泣的英雄人物。夏云杰便是其中的一位。在艰难困苦中，他从未退缩；在血与火的斗争中，他带头冲锋。日寇更将夏云杰视作心腹之患。在生命的最后一刻，他还一再叮嘱身边人将抗日民族解放事业进行到底。

夏云杰，又名夏云阶，1903 年出生在山东沂水四十里堡镇金场村。因家境贫寒，1926 年 3 月逃荒到黑龙江省汤原县，以耕地为业，农闲时到当地黑金河金矿做些零工。1931 年九一八事变后投身抗日斗争的行列。1932 年 11 月加入中国共产党。

夏云杰深入矿山、农村，宣传党的抗日主张，为建立党领导下的抗日武装而努力工作。1933 年 8 月任中共汤原中心县委委员，负责军事工作。经过努力，将分散在汤原各地的抗日游击队 500 余人组织起来，成立东北民众义勇军，夜袭汤原县城，给敌伪政权以沉重打击。

同年 10 月县委遭日伪军严重破坏后，形势十分险恶。爱人劝他避避风险，夏云杰坚定地表示：要与汤原的反日爱国群众同生死，共患难，越是在党处于困难时期，越要经受住严峻考验。他挺身而出，领导县委工作。11 月领导恢复了汤原游击队，并亲自对其进行培训，提高了游击队的政治、军事素质。夏云杰与战友们在松花江下游不断抗击日伪军的进攻，取得了一个个胜利。他身先士卒，在作战中多次负伤，享有很高的威望。中共满洲省委曾称赞汤原游击队是松花江下游地区“反日反满的唯一中心力量”，对夏云杰评价为“深刻学习，对党忠实，能够认真执行党的政策”。

1934 年 10 月，夏云杰领导游击队联合抗日义勇军共同作战，挫败了日伪军冬季“讨伐”，打掉驻太平川的伪警察署，创建了汤原太平川抗日游击根据地。

1936 年 1 月，夏云杰所部编为东北人民革命军第 6 军，他担任军长。随后，他率部在汤旺河地区创建后方基地，将游击区域扩展到汤原、萝北、绥滨等十余县。9 月任东北抗日联军第 6 军军长。同年 11 月 21 日，在为筹集给养与装备时，在汤原丁大千屯遭伪治安队袭击，身负重伤。弥留之际，他再三嘱咐身边的战友、妻子和女儿，要团结一致，在党的领导下，把抗日民族解放事业进行到底。26 日壮烈牺牲，时年 33 岁。

英雄虽逝，英魂长存。夏云杰的家乡人民从未忘却这位离家的游子，他的事迹仍被口耳相传。在他的老家金场村，夏云杰依然是邻里间教育后辈的榜样，传承他不畏艰苦、勇于奉献的精神是老家百姓的信念，更是这里牢不可破的乡风村训。

金场村所在的四十里堡镇，每年都会组织青年干部、党员、学生参观夏云杰故居，缅怀先烈，重温入党誓词。作为沂水县的东大门，四十里堡镇近年来发展势头强劲，先后获得国家级生态镇、山东省重点开发镇、省级文明镇等，现代种植业、现代物流业快速发展。

郭滴人
点点滴滴为人民

郭滴人，原名郭尚滨，1907 年出生于福建龙岩一个贫农家庭。1926 年，郭滴人参加了毛泽东创办的广州第六届全国农民运动讲习所，同年加入中国共产党。1934 年，郭滴人参加长征，在红一方面军第三军团做宣传鼓动工作。1936 年 11 月 18 日，因积劳成疾，郭滴人病故于陕北保安县，终年 29 岁。

在革命老区福建龙岩市郊的龙门镇，一处雅致的小院坐落河畔。这是闽西红军和苏区创建人之一——郭滴人同志的纪念馆。

走进纪念馆大门，两株翠柏挺立左右，一块记载郭滴人生平事迹的青色大理石碑出现在正前方。在29岁的短暂一生里，他用生命在中国的革命史上留下了浓墨重彩的一笔。

郭滴人的儿子郭壮友老人已经步履蹒跚。在他的记忆里，“父亲”一词最初只是自己尚在襁褓之时，为了革命事业毅然转身远去的一个模糊背影。

“我的养父张清海是父亲的老战友。在我很小的时候，养父就告诉我，在我不满周岁时，父亲便将我托付给了他，自己跟着大部队参加了二万五千里长征。”郭壮友说。

长大后，郭壮友在养父等人的帮助下，先后拜访了邓子恢、张鼎丞等革命老前辈，听他们讲述父亲当年在闽西开创苏区的故事。“父亲”这个形象逐渐在他的脑海中丰满伟岸起来，父亲的事迹也成了他教育子孙的最好“教材”。

郭滴人，原名郭尚滨，1907年出生于福建龙岩一个贫农家庭。童年的郭滴人发奋学习，后因家境贫寒不能继续上学，便到漳州当学徒，1923年得到叔父的资助到厦门集美学校读书，开始接触进步思想。自小的艰辛生活，让郭滴人深深感到“中国农民要摆脱贫困，只有参加革命才有出路”。

1926年，郭滴人参加了毛泽东创办的广州第六届全国农民运动讲习所，同年加入中国共产党。这一时期是他思想的重要转变期，他系统地学习了许多马列主义著述，结合中国革命的实际进行了深入思考，并把自己的名字改为“郭滴人”，立志“点点滴滴为人民”。

同年9月，郭滴人回到龙岩，秘密建立中共基层组织，先后任中共龙岩县党总支组织委员、中共龙岩县委组织部长。他经常头戴斗笠，脚穿草鞋，栉风沐雨，跋山涉水，深入乡村进行访贫问苦、社会调查。他还仿照广州农讲所的做法，在城内开办了岩平宁政府监察署干部训练班，在闽西培养了一批优秀的革命干部。

1927 年，蒋介石在上海发动反革命政变，闽西也笼罩在白色恐怖中。作为中共龙岩县党组织主要领导人的郭滴人，立即组织党员和革命骨干迅速转入农村，进入艰苦卓绝的斗争阶段。1928 年 3 月，在郭滴人与邓子恢等的领导下，在龙岩后田村举行农民武装起义，被称为“打响了福建农民武装暴动的第一枪”。起义后，组建了闽西第一支游击队，极大地鼓舞了革命斗争的士气。1929 年，郭滴人领导龙岩全县农民武装暴动，率领游击队配合入闽作战的红四军三打龙岩城，全歼守城国民党军，为闽西苏区乃至中央苏区的开创立下汗马功劳。

1930 年后，郭滴人历任中共闽西特委书记、闽西苏维埃政府常委兼文化部长、闽西革命军事委员会委员、中共闽粤赣省委宣传部部长、中华苏维埃共和国政治保卫局福建分局局长、福建军区独立第 8 师政治委员等职，无论环境如何变化，他始终对党和革命事业忠心耿耿。

1934 年，郭滴人参加长征，在红一方面军第三军团做宣传鼓动工作。由于长期奔波劳累，他的体质越来越差，加上长征途中肺病复发，又患痢疾，经常咳血不止。1936 年 11 月 18 日，因积劳成疾，郭滴人病故于陕北保安县，终年 29 岁，实践了他生前“点点滴滴为人民”的誓言。

1956 年，郭滴人的遗骨从陕北运回龙岩公葬。时任国务院副总理的邓子恢在公葬仪式上说：“郭滴人同志，他为中国无产阶级和中国人民的解放斗争，走完了他的光辉一生。他战斗的一生为闽西人民留下了不可磨灭的榜样，永远受到闽西人民的尊敬和纪念。”

杨克明

三过草地心犹壮，一死高台志未移

杨克明，1905年出生于四川省涪陵县（今属重庆市长寿区），1926年加入中国共产党。1937年1月20日，在高台战斗中，红五军主力与超过自己六七倍的敌人顽强作战，敌人以优势兵力轮番猛攻高台城。在弹药无援、兵员无补的情况下，杨克明与董振堂等临危不惧、视死如归，率领部队浴血奋战，坚守高台，终因寡不敌众，壮烈牺牲，时年31岁。

“三过草地心犹壮，一死高台志未移。”这副镌刻在杨克明烈士墓碑上的挽联，是烈士生平事迹的写照。

杨克明，原名陶树臣，1905 年出生于四川省涪陵县（今属重庆市长寿区），1925 年参加社会主义青年团，1926 年加入中国共产党。

1929 年，他受中共四川省委军委派遣，在涪陵、丰都等地组织农民暴动，开展武装斗争。1930 年 4 月，参加四川红军第二路游击队组建工作，先后担任游击队副队长、中队长。1932 年夏，任中共梁（山）达（县）中心县委书记，与川东游击军总指挥王维舟紧密配合，发动党组织和群众全力支援川东游击军的斗争，扩大革命武装，坚持并发展了川东游击根据地。

1932 年底，红四方面军进军川北。杨克明、王维舟领导川东游击军配合红四方面军斗争，1933 年 11 月，川东游击军正式改编为红四方面军第三十三军，杨克明任军政治委员。他深入达县等地，动员群众参加红军，同时为加强部队政治思想工作，提高部队战斗力等做了大量艰苦工作。

1934 年后，杨克明任红四方面军补充师政治委员、独立师师长，参加红四方面军长征。1936 年 1 月，红三十三军与红五军团合编组成红五军，董振堂任军长，杨克明任军政治部主任。

红军三大主力胜利会师后，红五军等部队于 1936 年 10 月下旬奉命西渡黄河。杨克明与董振堂等率领部队转战河西走廊，与国民党西北军阀进行了英勇艰苦的斗争。

1937 年 1 月 20 日，在高台战斗中，红五军主力与超过自己六七倍的敌人顽强作战，敌人以优势兵力轮番猛攻高台城。在弹药无援、兵员无补的情况下，杨克明与董振堂等临危不惧、视死如归，率领部队浴血奋战，坚守高台，终因寡不敌众，壮烈牺牲，时年 31 岁。

噩耗传到延安，党中央和广大红军将士为之悲痛万分。毛泽东主席等中央领导及延安民众在宝塔山下召开追悼大会，沉痛悼念血战高台的红军战士。

新中国成立后，人民政府为血战高台壮烈牺牲的红军指战员修建了高台革命烈士陵园和红军烈士纪念馆。

如今，杨克明故乡重庆长寿区发生了翻天覆地的变化，当地政府也在积极筹备修缮杨克明故居，传承发扬烈士英勇无私的革命精神。

董振堂

长征中的铁流后卫

董振堂，1895 年出生于河北新河县一个农民家庭，1932 年加入中国共产党。1937 年 1 月 12 日，董振堂率部在甘肃高台县城与六七倍于己的敌人浴血苦战，战至最后一人一弹，于 20 日壮烈牺牲，时年 42 岁。

英烈挽歌

路遥知马力，董振堂是坚决革命的同志。

——毛泽东

河北省新河县振堂公园内，矗立着一尊庄严肃穆的将军铜像。他一身戎装，深邃的双眼注视前方。曾有诗云其“虔诚做殿军，有勇且知方”。这就是董振堂，宁都起义的重要领导人，长征中的铁流后卫。

董振堂，1895 年出生于河北新河县一个农民家庭。少年聪颖，1917 年考入北京清河陆军中学，1923 年毕业于颇负盛名的保定陆军军官学校。毕业后投身于冯玉祥的西北军，因战功显赫，由排长逐级递升至师长。1930 年，中原大战后被国民革命军收编，任 26 路军第 73 旅旅长。

1931 年，董振堂被调到江西“剿共”。“九一八”事变后，反对蒋介石“攘外必先安内”的政策，思想日益倾向革命。同年 12 月 14 日和赵博生、季振同等率领第 26 路军 1.7 万余官兵举行宁都起义，宣布加入红军，在中国革命史上写下了光辉的一页。

起义部队编为中国工农红军第 5 军团，董振堂任军团副总指挥兼第 13 军军长，后任红 5 军军团长。他先后率部参加赣州、漳州、南雄水口等战役战斗，屡立战功，曾获中华苏维埃共和国临时中央政府授予的红旗勋章。1932 年加入中国共产党。

1934 年 10 月，董振堂率部参加长征，红 5 军团担任最艰苦的后卫任务，多次完成阻击国民党军的任务，为保障中央红军主力北上立下了赫赫战功，红 5 军团因此荣膺“铁流后卫”的光荣称号。

1935 年 6 月，第一、四方面军会师后第 5 军团改称第 5 军，董振堂任军长。1936 年 10 月红军三大主力在会宁会师后，红 5 军被编入西路军，向宁夏、甘肃、新疆方向进发。1937 年 1 月 12 日，董振堂率部在甘肃高台县城与六七倍于己的敌人浴血苦战，战至最后一人一弹，于 20 日壮烈牺牲。时年 42 岁。

董振堂是红军牺牲的最高级别将领之一。党中央在陕西宝塔山下举行了追悼会，在追悼会上毛泽东评价他说：“路遥知马力，董振堂是坚决革命的同志。”

为了纪念董振堂，新河县建有振堂公园、振堂中学、董振堂纪念馆等。石家庄华北军区烈士陵园和甘肃高台烈士陵园内，都建有董振堂纪念碑亭。董振堂纪念馆是河北省爱国主义教育基地、河北省国防教育基地、河北省党史教育基地，每年前来参观的机关单位、学校、游客等达 20 万人次。

“纪念馆距离我家很近，有空了我就会骑自行车过去看看，感受革命先烈在战火中不惧流血牺牲的精神。革命先烈用鲜血换来了现在的和平生活，作为新河县一名普通干部，我们要用实际行动继承他们的精神，踏踏实实工作，为家乡建设增砖添瓦。”新河县财政局工作人员程增涛说。

新河地处九河下梢，因漳河、滏阳河等汇流众多且几经更迭而得名。如今，在董振堂祖墓旁，清澈的河水仍在静静流淌，似乎在无言地诉说对英烈的追思。

陈海松

年轻有为的红军政委

陈海松，1914 年生于河南罗山宣化店李陈洼村（今属湖北大悟），1930 年春参加童子团，同年 7 月参加中国工农红军，不久加入中国共产主义青年团，1931 年春转入中国共产党。1936 年 10 月，陈海松率部西渡黄河，参加一条山、平大古凉等战役战斗。1937 年 3 月 12 日，指挥所部在甘肃省临泽县梨园口与国民党军激战。陈海松壮烈牺牲，年仅 23 岁。

英烈语录

政治干部一定要学会打仗，不会打仗的政治干部是无法做好政治工作的。

——陈海松

秋天的大别山，层林尽染。在湖北省孝感市大悟县黄站镇黄站村，重建的陈海松故居刚刚完工。黄站村支部书记邓业启说，未来计划将故居打造成红色景点和烈士纪念设施，在故居内布置展厅，以文字、图片和影像等形式展示陈海松烈士的革命事迹，让年轻人铭记先烈，珍惜幸福，传承革命精神。

陈海松，1914 年生于河南罗山宣化店李陈洼村（今属湖北大悟）。1930 年春参加童子团，任大队长。同年 7 月参加中国工农红军，不久加入中国共产主义青年团。1931 年春转入中国共产党。曾任红 4 军第 12 师 36 团连政治指导员、营政治委员、团政治委员，红 9 军第 25 师政治委员，参加了鄂豫皖苏区反“围剿”和川陕苏区反“围攻”。

在万源保卫战中，陈海松以强有力的政治工作，率所部坚守大面山 135 天，为粉碎国民党军队的“六路围攻”起了重要作用。1934 年 11 月他任红 9 军政治委员。1935 年参加长征，南下川康边，率部参加懋功、绥崇丹懋等战役，期间，他经常和军长各带一两个师单独作战。

在攻打宣汉战斗中，陈海松一直在前沿指挥，被敌人手榴弹炸伤右腿，仍坚持不下火线，直到攻克宣汉城。他要求全军政治干部都能指挥打仗，他说：“政治干部一定要学会打仗，不会打仗的政治干部是无法做好政治工作的。”

1936 年 10 月，陈海松率部西渡黄河，参加一条山、平大古凉等战役战斗。1937 年 3 月 12 日，指挥所部在甘肃省临泽县梨园口与国民党军激战。为掩护总部和兄弟部队安全转移，顽强阻击数十倍于己之敌达六七小时之久，直至壮烈牺牲，年仅 23 岁。

朱德总司令为红军失去一位出色的高级指挥员而深感痛惜，在抗日战争期间，他曾多次说，陈海松是四方面军最年轻有为的军级干部，可惜牺牲得太早了，如果他现在活着，一定能发挥更大的作用。

2017 年的烈士纪念日，陈海松的侄子陈道良曾赴陈海松牺牲地甘肃省临泽县参加公祭活动，并从陈海松的墓地捧回一抔泥土，以寄哀思。他说，陈海松干革命，不为名不为利，只为让穷苦百姓过上好日子。革命先烈们敢于担当、无私奉献、不怕牺牲的精神值得代代相传。

陈为人用生命守卫中央文库的安全

陈为人，1899 年 9 月出生于湖南省江华瑶族自治县沱江镇百家尾村。1920 年冬陈为人去苏联学习，1921 年冬奉调回国，并加入中国共产党。1932 年，陈为人和妻子韩慧英（党的地下交通员）奉党中央指示留在上海，负责中央文库的管理工作。1937 年 3 月，陈为人在上海病逝，时年 38 岁。

英烈语录

我们受党的委托，定以生命相护。

——陈为人

“陈为人为了中国革命无私奉献的精神，值得我们好好学习，我们教育学生要继承和发扬这种精神，做新时代的接班人。”湖南省永州市江华瑶族自治县为人小学校长岑红灯说。1999 年，江华沱江三小改名为人小学，以此纪念陈为人。十几年来，一批又一批山里的孩子从这里走出大山。

陈为人，1899 年 9 月出生于湖南省江华瑶族自治县沱江镇百家尾村，1918 年入湖南衡阳省立第三师范学习，五四运动时期成为湘南学联成员。

五四运动后，陈为人到上海。在中国共产党上海早期组织的领导下，他与俞秀松、罗亦农、张太雷等人一起组织创建中国社会主义青年团，并成为中国社会主义青年团的第一批团员。

1920 年冬陈为人去苏联学习，1921 年冬奉调回国，并加入中国共产党，被派往北京铁路工会工作，担任中共北方职工运动委员会书记，在铁路工人中发展党员，建立党的组织。

1922 年 9 月，陈为人奉李大钊派遣到济南，协助王尽美、邓恩铭等发展山东党的组织。1923 年 3 月，陈为人受党中央委派去东北开展建党工作，同年 6 月出席党的第三次全国代表大会。

1924 年 1 月，陈为人被调到中共上海区委执行委员会从事工人运动。同年 12 月，奉调北京任中共北方区委执行委员会组织部部长兼职工委员会书记。

1927 年 5 月，陈为人出席党的五大。会后，任中共顺直省委秘书长兼组织部部长。党的八七会议后，党中央派他赴东北传达会议精神，并筹组中共满洲省委，同年 10 月任大革命失败后第一任中共满洲省委书记兼宣传部部长。

1928 年 12 月和 1931 年春，陈为人在沈阳和上海两次被捕入狱，在狱中忠贞不屈，坚守党的秘密，组织狱中党支部，领导狱中同志坚持斗争，均经党组织营救出狱。

1932 年下半年，在白色恐怖极为严重的形势下，中共中央领导机关从上海迁往中央苏区。陈为人和妻子韩慧英（党的地下交通员）奉党中央指示留在上海，负责中央文库的管理工作。他对妻子说："我们受党的委托，定以生命相护。"他和妻子以开设湘绣店为掩护，白天扮成商人，晚上关起店门，在密室里通宵达旦地整理文件档案。为了不引起敌人注意，他们不得不常常搬家，长期的奔波劳累、生活的极其艰险和两次入狱的折磨，使陈为人染上了严重的肺结核病，经常咳血不停。但是他们以顽强的革命毅力，克服难以想象的重重困难，用生命保卫了中央文库的安全，最后把中央文库大量党的机密档案和珍贵历史文献全部完整、安全地交给了党。

1937 年 3 月，陈为人在上海病逝，时年 38 岁。

1945 年党的七大追认陈为人为革命烈士。

近年来，江华县继承先辈英烈艰苦奋斗、开拓进取的革命传统，牢记使命、砥砺奋进，实施"生态立县、民营活县、产业强县、开放兴县"的战略，打造"神州瑶都"、生态山水名县等。陈为人当年为之奋斗的目标，正在一辈辈江华干群的努力下实现，今日的江华正以全新的面貌，迅速发展。

郑义斋

红色理财专家

郑义斋，原名邓少文，1901 年生，河南许昌人，1927 年加入中国共产党。1937 年 3 月 14 日，郑义斋在赴西路军总指挥部途中，于临泽康龙寺以南的石窝被国民党军包围。为了不使携带的经费落到敌人手里，郑义斋当机立断，命令战士张开清带上黄金和银元冲出去，自己组织掩护。在激战中，郑义斋壮烈牺牲，时年 36 岁。

英烈语录

一切财富都是人民大众创造的。只有劳动人民才有享用它们的权力！

——郑义斋

在中国工农红军的历史上，有一位被称为“红色理财专家”的革命家，他就是红军杰出的后勤工作者郑义斋。

走进许昌市烈士陵园，松柏环绕、绿荫满园。陵园的东南部有一个“义斋亭”，这个八角亭子里有一通石碑，碑文扼要介绍了“红色理财专家”郑义斋烈士的生平事迹。

郑义斋，原名邓少文。1901 年生，河南许昌人。当过印刷和铁路工人，1923 年参加京汉铁路工人大罢工。1927 年加入中国共产党。后调往上海中共中央机关做地下交通工作。1930 年在上海以“义斋钱庄”经理身份做掩护从事秘密活动，从此改名郑义斋。他在钱庄整整工作了两年，经常四处奔波，来往于上海、武汉、北平、天津、大连、青岛等地，为党组织筹集和周转资金，为苏区红军购买、转运军用物资。

1932 年春奉命赴鄂豫皖苏区，任鄂豫皖省工农民主政府财政委员会主席兼工农银行行长，红四方面军经理处处长。他是一个出色的后勤工作者。在第四次反“围剿”时，为了保证前方红军作战的需要，他积极组织力量，筹集军火、粮食、衣服和医药用品等大量物资，支援红军作战。同年 10 月随方面军主力向西转移入川。1933 年 2 月起任中共川陕省委委员，川陕省工农民主政府财政委员会主席，省工农银行行长，红四方面军总经理部部长兼兵工厂、造币厂厂长。当时部队缺粮缺盐，郑义斋及时向方面军总部提出了“开源节流”的方案，组织发展苏区经济，保障红军供给。川陕革命根据地建立以后，在经济建设方面取得突出成就，作为川陕革命根据地财政经济工作主要领导人的郑义斋，在发展苏区的经济建设中做出了重要贡献，被同志们誉为“红色理财专家”。1935 年参加长征。

1936 年 6 月任红四方面军总供给部部长。同年 10 月随方面军总部西渡黄河，转战甘肃省河西走廊，在极端困难的条件下组织收购粮食，制作被服、弹药，供应部队作战需要。1937 年 3 月 14 日在赴西路军总指挥部途中，于临泽康龙寺以南的石窝被国民党军包围。为了不使携带的经费落到敌人手里，郑义斋当机立断，命令战士张开清带上黄金和银元冲出去，自己组织掩护。在激战中，郑义斋壮烈牺牲，时年 36 岁。

新中国成立以后，党和人民政府在高台烈士陵园为西路军英勇牺牲的将士们建立了纪念碑。徐向前元帅为碑文题词：“振堂、海松、厚发、启华、义斋及西路军牺牲的诸烈士们：你们为中华民族的解放和劳动人民的利益坚韧不拔、自我牺牲精神和英雄气概，是我军的无上光荣。”

饮水思源，不忘来路，郑义斋的革命人生虽然很短，却给家乡后人留下了非常珍贵的精神财富，他对革命满怀一腔似火的热情和奋不顾身的信念，也在不断地激励着家乡的父老乡亲。如今，许昌市烈士陵园每年约有 5 万人次参观缅怀，已成为当地开展爱国主义教育的重要平台。

吴富莲
为党捐躯的巾帼英雄

吴富莲，1912 年生于福建省上杭县的一个贫农家庭。1929 年，吴富莲光荣地加入了中国共产党。1937 年，吴富莲负伤被俘，最后壮烈牺牲，年仅 25 岁。

英烈语录

作为一个革命者，牺牲是早已意料到了。

——吴富莲

在福建省上杭县官庄畲族乡，有一座高10.1米的“吴富莲烈士纪念碑”巍然耸立。吴富莲这位革命巾帼英雄25载生命中动人而壮烈的故事，感动着无数后人。

吴富莲，1912年生于福建省上杭县的一个贫农家庭。由于家境贫寒，她幼年时被迫做了童养媳，饱尝疾苦。

1929年3月，红四军解放上杭，开辟了闽西根据地，吴富莲毅然摆脱家庭束缚参加了革命。由于表现出色，她很快就被吸收入团，不久又光荣地加入了中国共产党。

1930年起，吴富莲先后在中共上杭官庄区委、上杭县委、中共闽粤赣省委工作，任区委委员兼区苏维埃政府妇女部长、县委委员、省委委员兼省委妇女部巡视员。1933年4月，吴富莲到中央党校学习，学习结束后调任闽粤赣省委妇女部长。

1934年10月，吴富莲随红一方面军参加长征，任红军野战医院政治处干事。1935年6月，红一、红四方面军在四川懋功会师。10月下旬，吴富莲调任红四方面军，担任妇女独立团第一团政委，随红四方面军三过雪山草地。1936年7月，吴富莲被任命为红四方面军妇女先锋团政委。

1936年10月，红军三大主力在甘肃会宁会师。根据中革军委的命令，红四方面军分兵组成西路军西渡黄河，准备执行宁夏战役计划，吴富莲被任命为红军西路军妇女先锋团政委。

10月下旬，妇女先锋团随西路军渡过黄河西征。西路军部队在河西走廊陷入了数倍于己的国民党马步芳、马步青、马鸿逵等军阀部队的重重包围。经过3个多月的殊死血战，红军西路军及妇女先锋团在给敌人以重大杀伤的同时，自身也损失惨重。

1937 年 3 月，吴富莲与团长王泉媛奉命率妇女先锋团女扮男装，改用红 30 军 88 师 268 团番号，接管 268 团阵地，掩护主力突围。妇女先锋团在甘肃临泽南部的梨园堡一带与敌血战三昼夜，完成掩护主力突围的任务。此后，妇女先锋团在祁连山中与敌周旋多日，4 月上旬又被敌军包围。吴富莲与团长王泉媛指挥全团同敌军激战，终因敌众我寡，部队被打散。吴富莲与几名战士突出重围后在深山里坚持了几个月，不幸被搜山的敌人抓住。

吴富莲负伤被俘后，敌人以官位利禄诱惑，她丝毫不为所动。敌人又凶狠地用马刀对着她，胁迫她投降，吴富莲视死如归，坚定地说："作为一个革命者，牺牲是早已意料到了。"敌人无可奈何，将她关押进武威监狱，企图以残酷折磨迫使她屈服。面对敌人的百般折磨，吴富莲以绝食斗争进行反抗，最后壮烈牺牲，年仅 25 岁。

为传承红色基因，纪念革命先烈，也为了让烈士英魂得到安息，在吴富莲烈士诞辰 100 周年之际，当地党委、政府以及有关部门将吴富莲烈士以及全乡 342 位烈士进行集中安葬，并建成"吴富莲烈士纪念碑"。同时维修吴富莲故居，建成当地红色教育基地，每年组织党员干部、学生进行祭奠，让越来越多的人接受红色文化教育。

孙玉清

忠诚于党和人民的『战将』

孙玉清，1909年3月出生于湖北黄安县（今红安县），1929年参加中国工农红军，不久加入中国共产党。1937年3月，孙玉清在甘肃省酒泉南山一带负伤被俘。5月下旬，孙玉清被残忍杀害，牺牲时年仅28岁。

英烈语录

我从参加革命时起，就把生死置之度外，现在我死而无憾，并引以为荣！

——孙玉清

金秋十月，天空飘着小雨，在大别山南麓的湖北省红安县高桥镇汪家畈村，一座座小洋楼掩映在青山绿水间，一派祥和……笔者在座山和团山环绕的孙家湾，找到了“忠诚于党和人民”的“战将”孙玉清烈士的故乡。

孙玉清，1909 年 3 月出生于湖北黄安县（今红安县），1927 年 11 月参加黄麻起义，1929 年参加中国工农红军，不久加入中国共产党，参加了鄂豫皖革命根据地历次反“会剿”、“围剿”的战争，以及红四方面军创建川陕根据地的斗争。

因作战勇敢、指挥出色、战功卓著，孙玉清被授予“以一胜百”奖旗，获得“战将”美称。1934 年，孙玉清任红四方面军第 31 军军长，1935 年 8 月任红四方面军第 9 军军长，参加了长征。

1936 年 10 月，红军三大主力长征胜利会师后，孙玉清率红 9 军与兄弟部队一起，奉中革军委的命令，相继西渡黄河，组成西路军，执行宁夏战役计划，与长期盘踞在黄河以西的国民党西北反动军阀马步芳、马步青等马家军展开了艰苦惨烈的浴血拼杀。

经过五个月的浴血鏖战，西路军在给反动军阀部队以重大打击后，终因敌我力量悬殊，自然环境恶劣，部队弹尽粮绝，遭受重大损失和牺牲。孙玉清同王树声、李聚奎、方强、朱良才等部分指战员一起，根据党中央指示精神，率部向陕北方向突围。

1937 年 3 月，孙玉清带领数十名被打散的干部战士突围，在甘肃省酒泉南山一带与大批敌军遭遇负伤被俘。

孙玉清被敌人押到西宁后，在社会上引起了很大震动。西北反动军阀头目马步芳为抓住红 9 军军长而十分得意，召集大批军政要员，亲自审讯孙玉清。孙玉清大义凛然、义正词严，当场揭露和斥责反动军阀当局拉夫抓丁，耗国家资财，养兵祸国，不抗日，却专打红军的罪恶行径。

孙玉清说："我从参加革命时起，就把生死置之度外，现在我死而无憾，并引以为荣！"马步芳不甘心失败，使出了一系列软硬兼施的伎俩。他让孙玉清见被俘后被迫服苦役的妻子和其他红军战士。孙玉清告诉妻子："不要害怕！"他鼓励战士们说："西路军虽然失败了，红军仍然存在，陕北的红军壮大了，党中央在陕北建立了根据地，红军是杀不完的！"

孙玉清宁死不屈、忠诚于党和人民的硬骨头精神，使敌人恼羞成怒，于 1937 年 5 月下旬，将孙玉清残忍杀害。孙玉清牺牲时年仅 28 岁。

讲起孙玉清的英雄事迹，他的胞弟孙世清有说不尽的自豪和讲不完的故事。孙世清告诉笔者，每年清明，他们整个家族都要赶到位于红安县七里坪镇的鄂豫皖苏区中心烈士陵园，为孙玉清扫墓祭拜。

"我们湾 26 户人家出了 30 多个大学生。"孙世清说，受孙玉清烈士革命精神的感召，孙家湾已是远近闻名的"高知村湾"，为国家各行各业输送了不少人才。